虚弱高齢者の終末期ケア

―様々な場における課題と対応―

公益財団法人
医療科学研究所 監修

法 研

「医研シリーズ6」発刊にあたって

　公益財団法人医療科学研究所は，1990年の設立以来，機関誌『医療と社会』を年4回発行しています。各年度の最初の号に特集を設け，時宜に適したテーマについて各界の著名な先生方に執筆していただいています。この機関誌は，一部の大学や研究所に送付しており，また，当研究所のウェブサイトからも特集の内容を読んでいただくことができます。

　しかしながら，折角の特集も，機関誌の配布先が限られていること等から，関係分野の多くの学者・研究者あるいは関心を持たれる方々の目に触れる機会が少なく，かねてから改善を図りたいと考えていました。

　そこで，毎年度の特集を多くの人にお読みいただき活用していただけるよう，2018年から毎年，特集部分を読みやすい書籍「医研シリーズ」として発刊することといたしました。このたび，2023年のシリーズ第6号『虚弱高齢者の終末期ケア』を出版することになりました。

　わが国は超高齢社会と言われるようになって久しく，人生100年時代とも言われるようになりました。高齢者と言うと65歳以上人口に目が向きがちですが，それだけ見たのでは，実態を正しく理解することはできません。

　一つは，高齢者の体力の状態を的確に見る必要があります。スポーツ庁が毎年行っている「全国体力・運動能力・運動習慣等調査」によると，高齢者の体力年齢の若返りが続いているとのことです。現に，75歳までの前期高齢者は概ね元気ですし，75歳を超えても元気な人はたくさ

んいます。

　もう一つは，65歳以上高齢者の，年齢階層ごとの人口の推移です。国立社会保障・人口問題研究所の「日本の将来推計人口」（令和5年推計）によると，65歳以上人口は2020年の3,603万人（総人口に占める割合28.6％）が，50年後の2070年には3,367万人（38.7％）になると推計されています。総人口が減少していきますので，65歳以上人口も減っていきますが，総人口に占める割合は年々高まっています。この50年の変化を，高齢者の年齢10歳刻みで見ていくと，65歳～74歳は1,743万人→1,187万人，75歳～84歳は1,247万人→1,063万人，85歳～95歳は555万人→843万人，95歳以上人口は58万→274万人と推計されています。高齢者のうち元気なあるいは比較的元気な年齢層の高齢者人口は減少し，95歳以上の高齢者人口は5倍近く増えます。

　本書で取り上げた「虚弱高齢者の終末期ケア」は，自分の問題としてあるいは家族の問題として，これからますます多くの人が身近に経験する問題であります。同時に，社会全体でその対応に取り組むことが求められる極めて大きなわが国の課題であります。多くの人に係る重要な事柄でありますので，特集を組むことにいたしました。

　本書で取り上げた課題や問題意識について，さらには執筆を分担していただいた先生方のご紹介については，この特集を企画していただいた池上直己慶應義塾大学名誉教授が序文で詳しく述べられています。各論の一つ一つが，悩みを抱える多くの方々のご参考になるのではないかと思います。

　最後に，公益財団法人医療科学研究所の説明をします。

　医療科学研究所は，1990年，故森亘先生（元東京大学総長，元日本医学会会長）を理事長として設立された研究法人です。森理事長は設立時に「医療科学研究所は，医療と経済の調和，需給の長期的安定のみならず，広く新しい時代の医療を社会の合意の下に模索すべく，英知を結集し，考察を進める場としての役割を担う」と述べています。具体的な

事業としては，医療および医薬品に関する経済学的調査研究，医療とその関連諸科学の学際的調査研究，研究の助成，成果の刊行，講演会・シンポジウム等の開催などを行っています。詳しくは医療科学研究所のホームページ(http://www.iken.org)をご参照ください。

　令和6年3月吉日

公益財団法人 医療科学研究所

理事長　江利川 毅

(ご参考)「医研シリーズ」出版実績
2023年　新型コロナウイルス感染症―課題と展望―
2022年　徹底研究　医療費の患者負担の在り方
2021年　徹底研究　患者本位のがん医療　改正がん対策基本法を踏まえて
2020年　地域医療の未来　地域包括ケアシステムと総合診療医の役割
2018年　徹底研究　「治験」と「臨床」
なお，2015年に『人生の最終章を考える』を出版しています。

執筆者一覧

(執筆順　所属は執筆当時)

「医研シリーズ6」発刊にあたって

江利川　毅　　公益財団法人 医療科学研究所 理事長

論文

池上　直己　　慶應義塾大学 名誉教授 / 久留米大学医学部 客員教授 / 公益財団法人 医療科学研究所 評議員

池崎　澄江　　千葉大学大学院 看護学研究院 教授

大河内二郎　　介護老人保健施設 竜間之郷 施設長 / 全国老人保健施設協会 常務理事 / 東京大学在宅医療学 特任講師

東　憲太郎　　介護老人保健施設 いこいの森 理事長 / 全国老人保健施設協会 会長 / 三重大学医学部 非常勤講師

佐々木　淳　　医療法人社団 悠翔会 理事長・診療部長

伊藤　香　　　帝京大学医学部外科学講座 Acute Care Surgery 部門 病院准教授

水野　裕元　　南医療生活協同組合 理事 / 総合病院南生協病院 院長

木澤　義之　　筑波大学医学医療系 教授（緩和医療学）

前田　正一　　慶應義塾大学大学院 教授 / 健康マネジメント研究科 医療マネジメント学分野 / 公衆衛生学分野，医学部 医療政策・管理学教室（兼担），SFC 研究所医療倫理・医療安全教育研究・ラボ（代表）

「美しき有終」プロジェクトメンバー

池上 直己　　久留米大学 客員教授 / 慶應義塾大学 名誉教授

高木 安雄　　慶應義塾大学 名誉教授

石橋 智昭　　ダイヤ高齢社会研究財団 研究部長

星芝 由美子　三菱 UFJ リサーチ＆コンサルティング 主任研究員

廣岡 佳代　　東京医療保健大学 講師

津田 修治　　医療科学研究所 研究員

目次

「虚弱高齢者の終末期ケア」

池上 直己

慶應義塾大学 名誉教授 / 久留米大学医学部 客員教授
公益財団法人医療科学研究所 評議員

　終末期ケアは，これまでも本誌『医療と社会』の25巻1号（2015年1月）に「人生の最期をどう生きるか，どう迎えるか」というタイトルで特集号を刊行している（遠藤・江利川，2015）。前回は終末期をどのように捉えるべきかが課題であったのに対して，本特集は虚弱高齢者に焦点を置き，病院，介護施設，在宅機関において終末期にどのように具体的に対応しているかが課題である。

　いずれの場においても，どこまで治療を続けるかが課題となる。状態が改善する可能性があれば続けるべきであるが，改善の可能性が乏しく，特に苦痛を伴う場合は，治療しないという選択肢もある。その際，本人が意思を表示できない場合は，本人の意向を踏まえて家族が決めなければならない。問題は，自分の意向を予め書面で記していることはほとんどなく，そのため本人のこれまでの言動から家族が判断しなければならないことにある。

　次に，死亡診断書が課題である。死亡診断書は，医師が「自らの診療

管理下にある患者が，生前に診療していた傷病に関連して死亡したと認める場合」に書き，それ以外の場合は「死体検案書」を書く。死亡診断書は，これまで治療に当たってきた医師が患者の死亡時に立ち会っているか，若しくは立ち会っていない場合は死亡後24時間以内に診療していることが原則である。これらの要件が満たされない場合，あるいは医師が異常の可能性を疑った場合は，警察に届けなければいけない（厚労省，2022a）。

　家族や介護施設としては，警察への届け出を回避したいので，臨死期になると病院に搬送するようになった。病院に搬送すれば，医師は常にいるので死亡診断書の要件を満たすことができ，警察に届け出なくてよい。ちなみに死亡場所が病院と診療所（以下，「病院等」と略）である割合は，1951年には11.7％に過ぎなかったが，1977年には50.7％になり，2001年には81.2％に達した（厚労省，2002）。

　その後，医師が死亡に立ち会わず，死亡後24時間以上経過していても，当該医師が生前に治療していた傷病に関連した死亡であれば，警察に届け出なくてもよいことが徹底された（厚労省，2012；医事新報，2018）。また医師の指示の下でICTを用いて看護師が死亡の確認を行えるようになった（日本看護連盟，2017）。また，自宅や介護施設での看取りを誘導するように診療報酬と介護報酬がそれぞれ改定された。例えば2004年度の診療報酬改定で，患者の死亡日に医師が訪問すれば1万点（10万円）の加算が設けられ，その後，加算は3,000点から6,000点の幅できめ細かく規定された。

　一方，介護報酬にも2006年に介護施設に対する看取り加算が収載された。その後，病院に搬送後に亡くなった場合であっても，施設で提供された終末期ケアに対して，日毎に加算を請求でき，また加算は死亡日に近いほど高く設定されるようになった。なお，「看取り加算」を請求するには，施設として，職員が看取りの研修会を受講し，および施設における看取り体制などの要件を満たす必要がある。

　こうした診療報酬・介護報酬の改定もあって，「病院等」で死亡する

割合は2021年には67.4%に低下した（厚労省, 2022b）。一方,「自宅・その他」で亡くなる割合は2001年の13.5%から2021年の19.0%に増えている。また,「介護老人保健施設・介護医療院」（以下,「老健等」と略）で死亡する割合も, 初めて同年に実施された国の調査において, 老健等の分類が初めて収載された1990年は全体の0.04%に過ぎなかったが, 以後, 徐々に増えて2021年に3.6%に増えている。

　「老健等」には医師が常勤し, また病院に隣接していることが多いので「老人ホーム」と比べて死亡診断書の要件を満たしやすいが,「看取り加算」とほぼ同じ単位と要件の「ターミナルケア加算」が収載されている。老健と合わせて集計されている介護医療院は, 1986年に介護療養型医療施設（病院）の移管先として創設され, 2021年における「老健等」の死亡者数全体の4分の1を構成している。

　なお, 死亡場所の統計には問題がある。まず, 認知症高齢者向けグループホームの死亡は「自宅・その他」に集計されているが, 実態は施設であり, 介護報酬で看取り加算の対象にもなっているので「老人ホーム」に分類すべきである。次に, サービス付き高齢者向け住宅（サ高住）における死亡も「自宅・その他」に含まれるが, サ高住の多くは同一ないし関連法人が介護サービスを提供していて「住宅型有料老人ホーム」と同様ないしそれ以上の対応がなされているので,「老人ホーム」に分類すべきである。

　さて, 国の施策によって「病院等」で死亡する割合は減少しているが, 減少の程度は虚弱高齢者において特に顕著であると考えられる。そこで, 虚弱高齢者の死亡場所についてのデータはないので, 試みに85歳以上の死亡場所の構成比を, 85歳未満と比較した。なお, 85歳以上の死亡者は全体の約半数（50.4%）を構成しており, 63.5%が女性であった。

　その結果, 表1で示すように2021年に85歳以上が「病院等」で亡くなった割合は63.9%で, 85歳未満の71.0%よりも低かった。一方,「老人ホーム」で亡くなる割合は15.8%と85歳未満の4.1%よりも4倍

高かった。しかし,「自宅・その他」で亡くなる割合は14.7％であり,85歳未満の23.4％よりも低く,その理由として,85歳以上になれば,配偶者が既に亡くなっている可能性が高く,自宅での介護が難しいことが考えられる。

　以上のように,本特集は終末期ケアを提供する様々な場において,どのような課題を抱え,どのように対応しているかをそれぞれ明らかにし,さらに死亡診断書の要件についても分析している。看取りに直面する家族,およびその相談・支援に当たっている病院等や介護施設に参考になれば幸いである。

　最後に,虚弱高齢者にとって看取りの質も重要であるので,筆者らが行った研究を簡単に紹介する。終末期ケアは患者・利用者の死で完結するので,当人は質を評価できない。そこで,Tenoら（2004）は遺族が当人の受けた終末期ケアを評価する方法を考案した。遺族は終末期ケアの当事者でもあり,また病院や介護施設にとって,遺族による評価は患者・利用者を確保するうえで重要である。

　Tenoの尺度は,表2に示す10の設問より構成され,総合評価を除

表1　死亡場所：全人口および85歳未満・以上（2021年）

	全人口		85歳未満人口		85歳以上人口	
病院・診療所	970,863	（67.4％）	507,600	（71.0％）	463,263	（63.9％）
介護老人保健施設・介護医療院	51,013	（3.5％）	10,694	（1.5％）	40,319	（5.6％）
老人ホーム	143,684	（10.0％）	29,209	（4.1％）	114,475	（15.8％）
自宅・その他	273,869	（19.0％）	167,082	（23.4％）	106,787	（14.7％）
合計	1,439,429	（100.0％）	714,585	（100.0％）	724,844	（100.0％）

（出典）厚労省：令和3年人口動態調査, 年齢階級別死亡場所 < https://www.e-stat.go.jp/stat-search/files?page=1&layout=datalist&toukei=00450011&tstat=000001028897&cycle=7&year=20210&month=0&tclass1=000001053058&tclass2=000001053061&tclass3=000001053065&result_back=1&tclass4val=0 >

（注）養護老人ホーム, 特別養護老人ホーム, 軽費老人ホームおよび有料老人ホームは「老人ホーム」に含まれ, グループホーム, サービス付き高齢者向け住宅は「自宅・その他」に含まれる

いて，いずれも「はい，いいえ」で回答する。Tenoは緩和ケア医であるので「痛み」，「呼吸苦」，「不安・悲しみ」について設問を設けているが，これらは全ての看取り場面において確認すべきである。なお，「呼吸苦」は最期に現れるが，医師から事前に説明されていれば，家族は「呼吸苦」として評価しない可能性がある。

　筆者らが何某地域において病院と特養で亡くなった患者の遺族を対象に同尺度を検証した（Ikegami and Ikezaki, 2012；池上・池崎，2013）。このうち病院は要介護に認定された患者で，その中から救急車等で病院に搬送後すぐ亡くなった患者を除外した。病院と特養で遺族の回答を比較すると，特養の方が病院よりも評価が高く，またアメリカのナーシングホームよりも高かった。今後，看取りの質の評価が広まることを期待する。

　以下，本特集に掲載された論文の概要を紹介する。

表2　遺族による看取りの質の評価

分野	設問
症状への対応	痛みへの対応が不十分
	呼吸苦への対応が不十分
	不安・悲しみへの対応が不十分
協働の意思決定	家族は医師と話したかったが話せなかった
	医師と話し合ったが，コミュニケーションに不安があった
患者を尊重したケア	常には，患者を尊重してはいなかった
家族のニーズへの対応	感情的サポートが不十分であった
	患者が亡くなる時の状況に関する説明が不十分であった
病歴の把握	医師・看護師が患者に最善の医療を提供するために必要な病歴を十分把握していなかった
ケアの質に関する総合評価	5段階評価における「きわめてよい」の割合

出典：Teno *et al.* (2004)
　　　日本語訳　池上・池崎（2013）

1．特別養護老人ホームでの看取り実践：池崎澄江（千葉大学大学院 看護学研究院 教授）

　特養には医師や看護師が原則的に常勤していないこともあって，施設内の看取りは少なかった。特養における死因の7割は老衰などの緩やかな機能の低下に起因しており，2006年に看取りケアに対する加算が介護報酬に収載された以後，施設内で看取る割合が高まった。特養における看取りは，【適応期（入所時）】【安定期】【不安定期・低下期】【看取り期】【看取り後】の5段階においてそれぞれ行われており，特に亡くなった後，看取りを振り返るカンファレンスや遺族の調査の重要性が指摘されている。

2．介護老人保健施設における余命が限られた方々へのサービス提供：大河内二郎（介護老人保健施設 竜間之郷 施設長／全国老人保健施設協会 常務理事），東憲太郎（介護老人保健施設 いこいの森 理事長／全国老人保健施設協会 会長）

　老健は病院と在宅の中間施設として創設されたが，老健を繰り返し利用するうちに，老健で看取る高齢者が増えた。老健には医師・看護師が常勤しているので，肺炎等の治療も可能であり，またその多くは病院が開設者となっているので，病院に迅速に入院することもできる。また，老健には通所リハビリテーションや短期入所（家族に休息を与えるための入所）も用意されているので，虚弱高齢者に対してLife Careを提供することができる。

3．在宅における看取り：佐々木淳（医療法人社団悠翔会 理事長・診療部長）

　在宅での看取りにおいては，本人がそれを最適な選択肢として選べ，結果に納得している必要がある。死亡場所が自宅等になっている割合だけを評価すべきではなく，専門家と本人による共同意思決定のプロセスが重要である。本人の意向は事前に把握されるべきであり，特に日本の場合は本人が周りの意向を察知し，同調圧力が働かないように留意すべ

きである。在宅においては家族を支援し，家族が犠牲にならないような体制を構築するべきである。

4．救急医療における対応：伊藤　香（帝京大学医学部外科学講座 Acute Care Surgery 部門 病院准教授）

　病院の救急部門に搬送される患者の多くは Advanced Care Directive（ACD，事前指示）が行われていないので，救急・集中治療医が"緊急ACP"を行っている。現場に役立つ日本版の Vital Talk が紹介されており，まず厳しい予後を知らせる SPIKES は，Set-up（導入），Perception（家族の理解度把握），Invitation（本題に入る前の家族の許可），Knowledge（理解度に合わせた説明），Emotion（感情への対応），Summarize（まとめ）によって構成される。次に，家族に話す際のスキルとして NURSE は，Name（感情を言葉で示す），Understand（理解を示す），Respect（敬意，同情を示す），Support（支持），Explore（掘り下げて聞く）によって構成される。

5．地域の病院・地域包括ケア病棟における認知症患者の看取り：水野 裕元（南医療生活協同組合 理事／総合病院 南生協病院 院長）

　313床の地域病院の地域包括ケア病棟における対応を解説している。地域包括ケア病棟は，手術等の実施後も医療処置やリハビリテーションが必要な患者，および在宅や介護施設から病院に入院の必要はあるが比較的軽症な患者のための病棟である。診療報酬によって入院期間は60日以内に限定されており，引き続きケアが必要で，在宅で対応できない場合は，介護施設や療養病院に移る必要がある。

　3つの事例が紹介されており，いずれも認知症による誤嚥性肺炎と診断された患者である。1例目は80歳代の女性で，急性期病棟で1週間の入院で肺炎は改善したが，入所していた病院は看取りに対応しないので地域包括ケア病棟に転棟した後，40日で亡くなった。2例目は80歳代の女性で，転移性肝がんが判明し，手術を行った病院で再手術を希望

していたが，地域包括ケア病棟に転棟後一時改善した後，突然心拍数が低下して死亡した。3例目は家族として胃瘻・人工呼吸・心臓マッサージを希望しなかったため実施せず，転棟後16日で亡くなった。いずれも地域包括ケア病棟に転棟後，家族の意向に沿って看取りに対応しており，家族から感謝されている。

6．緩和ケアー全ての重い病を持つ患者とその家族を対象として：木澤義之（日本緩和医療学会 理事長／筑波大学医学医療系 教授）

　緩和ケアは，がん患者を看取るために創設されたが，虚弱高齢者ががんに罹患することもあり，またがんでない患者も緩和ケアの対象であると認識されるようになった。こうした対象の拡大，用語の整理を解説している。最後に，進行性疾患や多疾患併存を有する不確実性の高い重い病気を有する高齢者にも緩和ケアを広げるべきであると結んでいる。

7．人生の最期の場所についての一般国民の希望と死亡診断書に係る医師法20条の解釈・運用：前田正一（慶應義塾大学大学院 健康マネジメント研究科 教授）

　人生最期の場所に関する国の意識調査によると，看取りの場所として介護施設を選ぶ割合が最も多く，次いで病院であった。回答者の年齢が高くなるに従って医療機関を選ぶ割合が高く，介護施設が低くなり，特に80歳以上では介護施設が21.8%，医療機関が35.3%であった。次に，医師が死亡診断書を書くには，患者の治療に当たっており，かつ，死亡に立ち会っているか，あるいは死亡後24時間以内に診察している必要があり，これらの要件を満たさない場合には警察に届け出た後，検死を行うことが原則である。しかし，これらの要件を介護施設や在宅において満たすことが難しいため運用上緩和されている。

8. 公益財団法人 医療科学研究所　2021 年度自主研究事業「美しき有終」プロジェクト最終報告書：認知症末期の本人の意向を尊重した意思決定支援モデルの探索的研究

　医療科学研究所の自主研究事業として，当研究所ファカルティフェローの池上直己，およびコアメンバーである高木安雄（慶應義塾大学名誉教授），石橋智昭（ダイヤ高齢社会研究財団研究部長），星芝由美子（三菱 UFJ リサーチ＆コンサルティング主任研究員），廣岡佳代（東京医療保健大学講師）の指導の下で，津田修治（当研究所プロジェクト研究員）が執筆した，特養・病院・在宅において，終末期ケアに関わった職員を対象に行われたヒアリング調査の報告書が転載されている。本人・家族・専門職が協働して，生活と最期を連続的に捉え，意思決定を「本人らしさ」の基準で支援する仕組みが必要であり，こうした支援が本人の参加を促し，本人の基準で選択することが，人の尊重ある最期に資すると結論付けている。

参考文献

Ikegami N and Ikezaki S（2012）"Japan's Policy of Promoting End-of-life Care in NursingHomes: Impact on Facility and Resident Characteristics Associated with the Site of Death," *Health Policy*. 105（2-3）: 303-311.

Teno JM, Clarridge BR, Casey V, *et al.*（2004）: "Family Perspectives on End-of-life Care at the Last Place of Care," *Journal of American Medical Association*. 291（1）: 88-93.

池上直己，池崎澄江（2013）「遺族による終末期ケアの評価－病院と特別養護老人ホームの比較」『日本医療・病院管理学会雑誌』50（2）: 5-15

医事新報（2018）「最終診察から 24 時間以上経過した場合に死亡診断書交付は可能か？【死亡後の診察で診療していた傷病による死亡であることができれば確認できれば交付可能】」< https://www.jmedj.co.jp/journal/paper/detail.php?id=9662 > 2022 年 12 月 10 日アクセス

遠藤久夫，江利川毅（2015）「序文：人生の最期をどう生きるか，どう迎えるか」『医療と社会』25（1）: 3-8.

厚生労働省（2002）「平成 13 年人口動態調査，第 5.21 表，死亡の場所別にみた死因の性・年次別死亡数及び百分率」

厚生労働省（2012）「医師法第 20 条ただし書の適切な運用について（通知）医政医発 0831 第 1 号」＜ https://www.mhlw.go.jp/web/t_doc?dataId=00tb8648&dataType=1&pageNo=1 ＞ 2022 年 2 月 10 日アクセス

厚生労働省（2022a）「令和 4 年度版死亡診断書（死体検案書）記入マニュアル」― ＜ https://www.mhlw.go.jp/toukei/manual/dl/manual_r04.pdf ＞ 2022 年 2 月 10 日アクセス

厚生労働省（2022b）「令和 3 年人口動態調査，表 8　死亡者の年齢階級別死亡場所別構成」＜ https://www.e-stat.go.jp/stat-search/files?page=1&layout=datalist&toukei=00450011&tstat=000001028897&cycle=7&year=20210&month=0&tclass1=000001053058&tclass2=000001053061&tclass3=000001053065&result_back=1&tclass4val=0 ＞

日本看護連盟（2017）「看護師による死亡の確認，死亡診断書の代筆」『看護マンスリー』＜ https://kango-renmei.gr.jp/monthly/12896 ＞ 2022 年 12 月 27 日アクセス

第1章

特別養護老人ホームでの看取り実践

池崎 澄江

千葉大学大学院看護学研究院 教授

1. はじめに

　超高齢社会を迎えて年間死亡数は増加し続け，2021年の死亡数は144万人，死因はがん（26.5％），心疾患（16.5％），老衰（10.6％）の順である（厚労省，2022a）。老衰は2010年では全体の3.8％に過ぎなかったが，2018年に脳血管疾患を抜いて3位となり現在に至る。

　厚生労働省の『令和4年度版死亡診断書（死体検案書）記入マニュアル』では「死因としての『老衰』は，高齢者で他に記載すべき死亡の原因がない，いわゆる自然死の場合のみ用います」とされ（厚労省，2022b），亡くなるまでの過程で疾患に焦点を当てた医療的介入がほぼなかった状況と理解してよいだろう。

　老衰の増加と関連し，死亡場所も変化が生じている。本稿のテーマである特別養護老人ホーム（以下，特養）における死亡者の死因は7割が老衰である（PwCコンサルティング合同会社，2021）。国のデータで確認すると，「老人ホーム」と定義される，特別養護老人ホーム・有

料老人ホーム・養護老人ホーム・軽費老人ホームでの死亡数は，2010年（4.2万人）から2020年（12.6万人）へ3倍増であり，直近のコロナ禍における2021年は全死亡数のちょうど1割の14.4万人となった（図1）（厚労省，2022c）。近年は有料老人ホームが急速に増加しているため，上記の数字が全て特養とは言えないが，その大半を占める。

　本号の特集テーマは虚弱高齢者の終末期ケアであるが，特養の入所者は80代90代といった超高齢者が多く，その大半は認知症を有している。こうした要介護高齢者の代表的な居住施設である特養が，介護保険制度の中でどのように終末期ケアに取り組み始め，今では当たり前の言葉となった「看取り介護」の実践に取り組んできたか，現在の看取り介護の手順や特養側が配慮している点を解説する。

2．特別養護老人ホームの看取り

1）特別養護老人ホームの概況

　特養は，1963年の老人福祉法の制定により旧来の所得制限のある養護老人ホームに加え，所得にかかわらずケア（生活支援を含む）が必要であれば入所できる福祉施設として創設された（池上，2017，117）。

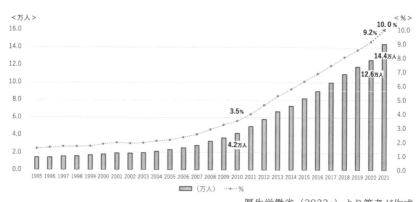

厚生労働省（2022c）より筆者が作成

図1　老人ホームの死亡数と割合：1995-2021

2000年の介護保険制度を機に介護老人保健施設（以下，老健）・介護療養型医療施設（のちに介護医療院へ）と共に，介護保険3施設のうちの一つとなったが，それぞれの歴史的経緯は全く異なる。老健や介護医療院が病院から派生していった形態（老健は病院と在宅の中間施設，介護医療院は主に病院の療養病床からの転換）であるのに対し，特養は居住するための生活施設であった。介護報酬の面では他の2施設と違って医療の体制を含まないため相対的に費用は低く，一度入所できれば退所を迫られることもない。そのため多くの入所希望があり，入所の優先順序は市町村の入所判定会で決められている。また，2015年からは要介護3以上に限定されている。

　特養の概況を示した（表1）。施設数は8,306で，これは老健の2倍に当たる。令和4年4月審査分で見ると，要介護4（40.4％）と要介護5（29.6％）が多く，平均要介護度は3.95で，老健の平均要介護度（2.80）に比べてかなり高い（厚労省，2022d）。令和2年度の調査に見る死亡退所は年間換算で1施設当たり平均11.8人，そのうちの施設内看取り数は平均7.8人である（PwCコンサルティング合同会社，2021）。この数値から分かるように，特養では常に数人が看取りに近い状況にあり，もはや看取りは特別なことではないという認識であろう。施設内看取り者の死因は，69.5％が老衰で圧倒的に多く，がんは5.2％に過ぎない。医療面では，常勤医師がいる施設は3.8％で，夜間に看護職が勤務する施設はわずか1.1％で大半はオンコール体制である。特養は介護職が主となって入所者を介護する施設であり，介護職8〜10人に対して看護職が1人程度の配置であるので，夜間に看護職を配置できる人員体制ではなく，その義務もない。看取りの方針は「施設で亡くなりたいという希望があれば受け入れる」施設が83.9％と圧倒的に多く，介護報酬の看取り介護加算（施設要件）を持つ施設は59％であった（PwCコンサルティング合同会社，2021）。

　現在は多くの特養で施設看取りに取り組んでいるわけだが，その背景には2006年に新設された「看取り介護加算」による報酬評価の影響が

大きい。次からはこの看取り介護加算の変遷と現状について解説する。

2）看取り介護加算の新設と変遷
（1）2006年以前の対応

　特養は介護保険制度前から福祉施設として機能しており，長期入所で終末期を迎える状況は以前からもあった。在宅で亡くなりたいと希望するのと同じように，特養で暮らす高齢者がここで亡くなりたいと願う場合は，早くからそれに応えていた。2002年の医療経済研究機構による全国調査では，看取りの希望があった場合の対応として「原則として施設内で看取る」施設は20.7％と5分の1が実践していた（医療経済研

表1　特別養護老人ホームの概況

全体	1．施設数（定員）	8,306（57.6万人）
	2．要介護度	要介護1：1.0%　要介護2：2.9% 要介護3：26.1%　要介護4：40.4% 要介護5：29.6%
	3．平均要介護度	3.95
死亡退所者	4．死亡退所	1施設　6ヵ月間で平均5.9人（10人以上の施設：16.5%）
	5．施設内看取り	1施設　6ヵ月間で平均3.9人*
	6．死因（施設内看取り）	老衰：69.5%　心疾患：7.6%　肺炎：6.1% がん：5.2%　その他：15.6%
医療・看護	7．常勤医師がいる	3.8%
	8．夜間の看護体制	看護職が勤務：1.1% オンコール体制（協力医療機関との連携含）：87.3% なし：4.5%
看取り介護	9．看取りの受け入れ方針	「施設で亡くなりたい」という希望があれば，受け入れる：83.9%
	10．看取り介護加算	届出あり：59.0%

* 死亡退所者数における看取り率61.1％（PwCコンサルティング合同会社，2021，69）より筆者が換算
【出典】
1：厚生労働省（2021）表1
2～3：厚生労働省（2022d）
4～10：PwCコンサルティング合同会社（2021），p.17, p.32, p.40, p.69, p.127, p.148

究機構，2003)。医療面で制約があることを本人や家族に十分に説明したうえで，当時の施設なりに工夫して看取りまで実践していたのは，その人の望みを叶えたいという福祉の姿勢があったからだと思われる。一方，2000年当時の状況では，一般に食べられなくなった高齢者への点滴や経管栄養などの医療処置を差し控えることには，ほとんどの医師および社会は批判的であったことも事実である（会田，2019，第1章）。実践する特養側もあくまで希望があった場合の例外的な対応と位置付けていたが，本人と家族の意向を最大限尊重する関わり方は，超高齢者の終末期ケアの実践を先んじていたものと考える。この時から特養側は，「看取り」という言葉を用いて実践を語っており，医療機関で行われる終末期ケアとは質的に異なっていることを示していた。

　上記のような中，今後は特養での看取りが社会的にも認知され，さらに看取りを推進していくことを意図して，2006年に看取り介護加算が設定された。これまでの在宅死におけるターミナルケア加算[注1]と同様に死亡ケースが生じた時に遡及的に請求できる仕組みで，その請求を可能とする施設要件を定めた。

(2) 各改定時の主な内容

　2006年当初から直近の2021年までの介護報酬改定における，看取り介護加算が算定できる施設の要件（算定要件）と単位数を整理した（表2）。2006年最初の看取り介護加算は，正確には重度化対応加算と呼ばれる体制加算（該当した体制であれば入所者全員に加算を算定できるもの）と看取り介護加算と呼ばれる成果型の加算の2つで構成されていた。重度化対応加算は看取りにかかわらず入所者全員に1日10単位算定できるもので，現在の看取り介護加算の算定要件である常勤看護師1名の配置，看取り指針の作成，職員研修等を含むものであった。当時

注1）死亡日および死亡日前14日以内に2回以上往診または訪問診療を実施した場合に請求できる診療報酬の加算。

表2　看取り介護加算の変遷

年	看取り介護加算【主な変更点】
2006 （平18）	【重度化対応加算　新設】10 単位／日 　1．常勤の看護師の1名以上の配置 　2．看護職員または訪問看護ステーション等との連携で24時間の連絡体制を確保 　3．看取りに関する指針の策定，入所時における入所者，家族等への説明を行い同意を得ていること 　4．看取りに関する職員研修 　5．看取りのための個室の確保 【看取り介護加算：新設】　死亡前30日まで請求可能 ・施設内で死亡　160 単位／日　　　病院死だと80 単位／日 ＊算定要件として，重度化対応加算を算定している施設であること
2009 （平21）	【3段階制に改定，重度化対応加算は廃止しその内容は看取り介護加算に吸収】 死亡30日前〜4日前：80 単位　　　死亡前々日・前日：680 単位 死亡当日：1,280 単位
2012 （平24）	看取り介護加算に関する変更はなし ＊死亡30日以内の配置医師による医療保険の算定（往診等）は，疾患に制限なしに変更
2015 （平27）	【3段階のうち，死亡30日前を手厚く】 ・4〜30日以内：144 単位 ・算定要件として「当該施設の看取りの実績等を踏まえ，適宜，看取りに関する指針の見直しを行うこと」が追加され，看取り介護の体制構築・強化（PDCA サイクル）を推進することが求められる。
2018 （平30）	【配置医師との連携体制を評価した看取り介護加算（Ⅱ）が新設され2タイプに】 ・配置医師緊急時対応加算（配置医の24時間体制を整え，早朝・夜間・深夜の訪問を評価）の新設 ・上記届出がある施設の看取り介護加算（Ⅱ）として従来の（Ⅰ）より手厚く評価 　死亡前々日・前日：780 単位　　　死亡当日：1,580 単位 ＊診療報酬の看取りにかかわる加算の算定が同時に可能：在宅ターミナルケア加算・看取り加算
2021 （令3）	【死亡前45日から始まる4段階制へ】 ・45日前〜31日前：72 単位　　・30日前〜4日前：144 単位 ・前々日・前日：680（Ⅱは780）単位 ・当日：1280（Ⅱは1580）単位 ＊算定要件として「人生の最終段階における医療・ケアの決定プロセスに関するガイドライン」等の内容に沿った取り組みを行うことが追加

各年の介護報酬改定内容をもとに筆者が作成

は，この重度化対応加算の要件の一つである常勤看護師（准看護師ではなく）の確保が難しいという特養側の意見を受けて，予め1年間（2007年3月末まで）は准看護師で算定可能とし，さらに2008年9月まで延長して対応した（厚労省，2008）。なお，現在においても看護師の確保が困難な特養も一定数あり，それが理由で看取り介護加算の施設要件を満たせない施設もある。

　実際の看取りへの実績評価は，最大で死亡前30日間分が遡及して請求できるが，その条件には，医師により回復の見込みがないと診断がついていること，入所者や家族が看取り介護計画の説明を受けて同意している必要がある。つまり，施設と家族側の共通認識の下で，手順を踏んだ意図的な看取りのための個別ケアを評価するものである点に，注意が必要である。例えば，医師が回復不能と判断し家族へ説明を行ったのが死亡3日前ならば，3日分のみの請求が可能となる。さらに最終的な死亡場所で1日当たりの報酬が異なり，死亡場所が病院となった場合，仮に死亡前日まで特養でケアを提供しても病院死の80単位×30日となり，施設の場合の160単位／日と比べ半分となる方式であった。2006年は診療報酬と介護報酬の同時改定であり，病院以外での看取り（在宅・特養）に明確なインセンティブを付けた年であった。在宅療養支援診療所による在宅看取りに10万円（在宅ターミナルケア加算Ⅱ：1万点）の診療報酬を新設したのもこの年である。

　次の2009年改定では，重度化対応加算の内容を吸収して看取り介護加算として一括し，かつ死亡前30日からの3段階制に変更された。死亡当日は1,280単位と高いが，30日分で合計すると2006年と同じ合計4,800単位である。こうした傾斜加算によって，できるだけ施設で過ごすことを評価するものである。特養に常勤医師は義務付けられておらず，多くは配置医師と呼ばれる特養と契約する非常勤医師が入所者の健康管理や定期処方を行う。この配置医師による往診に医療保険は原則認められておらず，死亡前30日以内のがん末期の入所者のみに限られていた。この制限は2012年に撤廃され，死亡前30日以内の往診は疾患

の制限なく請求が可能となった。特養入所者の入院死亡も含めた死因のうち，がんはわずか５％程度なので（PwCコンサルティング合同会社，2021，125），むしろそれ以外の疾患で評価されるのが妥当であり，2012年の診療報酬の変更は，地域の医師が配置医師となって特養の看取りのための往診を行うことを促進したと考えられる。

　2015年の改定では，４〜30日以内が80単位から144単位に大幅に増加された。この時の介護報酬改定に関する審議報告では，他に看取り介護加算の仕組みがある認知症高齢者グループホームや特定施設[注2]も含め，看取り介護の更なる質の向上に向けて，ア：多職種連携，イ：入所者と家族へ状況に応じた繰り返しの説明，ウ：看取り介護体制のPDCAサイクルの体制，の３点がさらに求められるようになった（図２）。これまでの看取り介護の算定要件は，看護職を中心とした状態悪化時の体制を担保する側面が強かったが，より早期からの職員一体となったケアが求められ，家族への説明も状態変化に応じたきめ細やかな説明を行って理解を得る必要性が明記された。この改定に対応するために全国老人福祉施設協議会（以下，老施協）が公表した看取り介護指針・説明支援ツール（以下，看取り介護支援ツール）（老施協，2015）では，具体的な書面や入所者アセスメントと実践のアドバイスが掲載されており，多くの特養がこれを見本として取り組んだ。

　2018年は，普段からの配置医師との連携を評価する配置医師緊急時対応加算が新設され，この加算を届け出ている施設では看取り介護をさらに上乗せで評価する看取り介護加算Ⅱが新設され，２タイプとなった。配置医師が診察を行って何らかの対応を行えば，救急搬送や緊急入院を回避できる可能性は高いと言える。2012年の記述の際に説明したように，配置医師の往診は診療報酬で死亡前30日以内しか評価されないので，配置医師緊急時対応加算とは，この条件に合致しない往診を介

注2）介護報酬上の名称は特定施設入居者生活介護。有料老人ホームやサービス付き高齢者向け住宅のうち，一定の人員体制・サービス基準を満たし届け出た施設。他の介護保険施設と同様に，要介護度に応じた包括的な介護報酬で施設サービスを提供する。

護報酬で評価することを目的としたものである。この加算の算定には複数の配置医師と契約し24時間体制を整えていることが要件で，請求は日中以外の時間に緊急に訪問した場合に可能である。また，これまで看取り介護加算が施設で算定された場合，死亡まで関わった医師自身は診療報酬上の加算（例：在宅ターミナルケア加算）は請求できなかったのが，それが可能となったのも同年からである。

　2021年では，45日前からの看取り介護加算が設定され，早いうちから本人の意向を確認して医療・ケアを行うよう「人生の最終段階における医療・ケアの決定プロセスガイドライン」の内容に沿った取り組みをすることが新たに加わった。最初に述べたように，特養での看取りは疾患に対する医療管理を伴う死ではなく，緩やかなペースでの機能低下による老衰が多く，その過程は長期に亘る場合が多い。良い看取りに結び付けるためには，低下の兆候を見逃さず，速やかに家族等に説明してケ

看取り介護加算の充実

　看取り介護加算については，入所者及びその家族等の意向を尊重しつつ，看取りに関する理解の促進を図り，特定施設入居者生活介護，地域密着型特定施設入居者生活介護，認知症対応型共同生活介護，介護福祉施設サービス及び地域密着型介護老人福祉施設入所者生活介護における看取り介護の質を向上させるため，以下のとおり新たな要件を追加し，死亡日以前4日以上30日以下における手厚い看取り介護の実施を図る。

（ア）入所者等の日々の変化を記録し，多職種で共有することによる連携を図り，看取り期早期からの入所者及びその家族等の意向を尊重しながら，看取り介護を実施すること

（イ）介護記録，検査データその他の入所者等に係る資料により，入所者等の心身の状態の変化及びこれに対する介護について，入所者及びその家族等への説明を適宜実施すること

（ウ）施設又は事業所における看取り介護の体制構築・強化をPDCAサイクルにより推進すること

出典：厚生労働省（2015）

**図2　平成27年度介護報酬改定に関する審議報告に記載された
看取り介護加算に関する内容**

アの方向性を確認することを推進するものと言えよう。

　以上，過去6回の介護報酬改定から看取りへの評価を見てきた。筆者らが1999年から2009年までのデータを用いて特養内死亡が総定員数に占める増加率を見たところ，2006年以後大きく増加しており加算による効果を確認している（池崎・池上，2012）。その後の改定のたびに看取り介護加算の施設要件として追加された内容が契機となり，看取り介護の実践が充実してきたと言えよう。当初は看取るという死亡日のみに着目した成果型の評価であったが，日々の介護の延長上にあるプロセスとしての看取りへの評価を含むものとなっていった。また，医療機関（医師）との連携に関しては，当初は医療保険と介護保険の縦割りにより配置医師の往診はかなり制約が強かったが，徐々にその制約は緩和され，複数の配置医師と特養が連携しタイムリーに往診できる仕組みを推進する方向に変わっていった。

　看取り介護加算の届出のある施設数で見ると，2009年のWAM-Netで筆者らが確認した際には全体の60.3％だったので（池崎・池上，2012），10年以上経ってもその数値はほぼ変わっていない。要件を満たさないために届出ていない特養でも，看取りを行っている施設は一定数あるとは考えるが，加算体制がとれない（とらない）理由については検証が必要であろう。特養全体の中で，看取り実績を積み重ねる施設と，全く取り組まない施設とで二極化している現状が推察される。

3）看取り介護の実践：入所から看取りまでの過程

　先述の看取り介護支援ツール（老施協，2015）を参考に，入所時から看取りまで各時期における看取りのための実践内容を表3にまとめた。【適応期（入所時）】【安定期】【不安定・低下期】【看取り期】【看取り後】の5つに沿って，関連する文献等で情報を補いながら説明する。

　まず，特養での生活を始める【適応期（入所時）】に当たっては，入所時は様々な説明が本人・家族に行われており，その内容の一つに施設の看取りに関する方針がある。これらを説明する役割は福祉職である生

活相談員が中心となって行っており，施設での過ごし方や，死生観を含め最期の迎え方への希望が明確にある場合は，聞き取っている。また生活相談員は緊急時の家族との連絡調整や施設側と家族の間に入って調整する役割を担っており（濱崎・村社，2019），家族メンバー間の関係性やそれぞれの価値観も理解しようと努めている福祉職は多い。入所時点で機能低下が見られる場合は施設として速やかに医師に相談し，医師から家族等へ直接説明を行う。施設側と家族とで本人の状態に対する理解のギャップをできるだけ少なくするため，施設側の工夫としては医師からの説明に生活相談員や看護職も同席し，後から繰り返し職員が説明を行うといった対応がとられている。

　【安定期】に，日々の介護を行いつつ本人の嗜好や価値観を把握することは，ケアの第一線にある介護職の役割である。この時期に入所者や

表3　特養の看取り実践

時期	実践内容（主なもの）
適応期（入所時）	・施設の理念や看取り介護指針の説明，施設で対応できる範囲を説明する ・本人・家族の死生観や価値観の把握
安定期	・日々の介護から本人の嗜好や価値観を把握しケアプランに反映 ・定期的に意向を確認 ・急変時のときの対応方法を明確にする
不安定・低下期	・看護職を中心に衰弱傾向にあることを的確にアセスメントし，医師および家族と共有 ・医師から家族に説明を行い，入院加療の必要性の判断を行う ・ケアプランの変更（QOLに配慮した食事内容の検討や日常生活の過ごし方）
看取り期	・入所者への細やかな観察に基づく緩和ケアを実施 ・家族への状態説明と受け止め方や気持ちの揺れへの対応 ・逝去時の医師との連絡方法やその後の対応について確認
看取り後	・家族と入所者が過ごせる時間・空間を準備 ・家族へのねぎらいとグリーフケア ・担当職員等によるケアの振り返りカンファレンスの実施

全国老人福祉施設協議会（2015）を基に筆者が作成

家族がさりげなく語る内容は，その後の看取りの意向に繋がる重要なヒントでもある。記録に残しておくことで，看取りが近くなった時に過去の情報を基に改めて意向を尋ね意思決定支援をする時に活用される。排せつや入浴などの生活支援は，入所者のペースを尊重した介助が尊厳あるケアであり，認知症であっても嫌だという意思は非言語的なメッセージとして行動に現れるので，それを的確に汲み取ってケアを調整することが求められる（伊東，2019）。

【不安定・低下期】とは，看取り期が開始される移行の時期である。通常現れる症状としては，食事量の低下，傾眠傾向である。なんとなく活気がないといった状態を発見できるのは介護職であるが，それを看護職にタイムリーに伝えられるかは日頃の看護職と介護職で良好なコミュニケーションがあることが前提である。介護職の情報を基に看護職が改めて状態をアセスメントし，医師への連絡を行う。配置医師は看護職からの情報も参考に診察を行い，家族も含めて入院治療を行うか方針を話し合う。医師が，入院加療による回復の可能性を的確に判断するためには，日頃の看護職からの情報に掛かっていると指摘されている（石川，2022）。入院の判断は家族にとっては医療選択の面で大きな意思決定となる。施設側がどのような価値観で入院について家族に説明するかが，入院するかどうかの大きな要因でもある（Cohen, Knobf and Fried, 2017）。したがって家族に説明を行う場合は，医師は医学の価値に基づく医学的判断のみを説明するのではなく，これまでに把握してきた入所者や家族の価値観を改めて共有し，それを踏まえた説明を行うのが望ましい（島田，2020）。そのうえで，意思決定の主体は医師や職員ではなく，本人および本人の意向を代理する家族である。特養ではその点を十分に認識し，施設看取りへの家族への誘導と解釈される説明は決して行わないよう配慮している。「ここで看取ったほうがよいですよ」という言い方は避け，本人にとってのベストな選択を家族にしてもらうための情報提供に徹する姿勢である。これまでの研究では，終末期の意思決定が，医師によって決められてしまったと認識する遺族はケア満足度が

低く（岩淵 他，2016），反対に本人の意向に沿って家族自身が決定できたと感じる遺族の場合に満足度が高いことが分かっている（中里 他，2020）。

【看取り期】とは，施設で看取ることを前提にした「看取り介護計画」に沿ってケアが展開される時期である。食事量が減ってくるが，本人が食べたがらない時は無理をさせないことが苦痛緩和の面でとても大切である。一方で，少量であっても食べたい・おいしいと感じるような瞬間があるならば，その機会を逃さない工夫も必要である。筆者がインタビューした複数の施設で，QOLの観点から看取り期の食を重視しており，本人が好む食べ物を家族から差し入れてもらったり普段から気に入って購入していた食品などを調達し，誤嚥せずに安全に食べるための個別性に配慮した看取り介護計画が立てられていた（池崎 他，2020）。施設長を長く務め続けている看護師の川崎は，穏やかな生活とその延長にある最期のためには看護や介護の普段からの予防的な努力があると指摘している（川崎，2020）。つまり看取りを実現できる施設とは，入所者が徐々に機能低下しながらも人生の最終に軟着陸できるような，一定レベル以上の日々のケアが実践できていることの証でもあると考える。

死亡時の対応としては，医師による死亡診断が行われる必要があるが，死亡直後である必要は必ずしもない。厚労省の2012年の通知により「生前の診察後24時間を経過した場合であっても，死亡後改めて診察を行い，生前に診療した傷病に関連する死亡であると判定できる場合には，死亡診断書を交付できる」とされている（厚労省，2012）。例えば夜中に呼吸停止があっても，配置医師が日頃から施設のケアを把握し事前に連絡体制を整えていれば，朝になってから連絡をして医師に死亡診断に来てもらうことに何ら問題はない。

【看取り後】では，家族の心情に配慮し，亡くなった入所者を家族と共に偲び，そして家族を労う。さらに，後日に改めて職員による看取りケアの振り返りカンファレンスを行うことが一般的である。というのも，2015年の報酬改定の際のPDCAのCheck（振り返り）とは，こ

うしたケアの振り返りを行い，その後のケアに活かすことが求められているからである。慣れ親しんだ入所者の最期の様子やこれまでのケアの達成感や不全感を多職種で共有し振り返ることで，次からの改善を動機付ける契機となっている（島田 他，2015）。遺族アンケートの実施や，一部の遺族にはその後に特養に出向いてもらい看取りケアの感想を聞き取っている施設もある。

3．特養看取りの実現要因：質の高い看取り介護に向けて

　これまでの加算内容と看取り実践を踏まえ，看取り介護を実現する要因としては何が重要なのだろうか。筆者らが看取り要因を多重ロジスティック回帰にて分析したところ，施設に看取りを行う方針があること（オッズ比：1.57，以下同），配置医師が在宅療養支援診療所の所属（2.05）という施設側の体制と，家族の希望があること（16.7），さらに家族間で意向が一致していること（1.73）が有意であり，定員当たりの看護職および介護職の人数には関連はなかった（Ikegami and Ikezaki，2012）。特養看取りの実現には，まず施設が看取りを行う積極的な姿勢を持つことが必要で，この点は施設長のリーダーシップが求められる。看取りによる職員の負担は身体的というより心理的な負担が大きく，特に入所者ケアの中心となる介護職を支えるという姿勢で，看護職をはじめ生活相談員や施設長も含めて施設全体でチームとして取り組む必要がある。また，在宅療養支援診療所の医師からは24時間連絡や往診体制で協力を得やすく，看取りに寄与する要因であった。この分析は2009年のデータで当時は配置医師への往診の報酬評価はがん末期に限られ実質算定できないものであったが，2012・2018年の改定で往診の報酬評価は進んできている。地域包括ケアシステムも定着してきており，現在の特養看取りにおいて地域医療との連携がどのように寄与しているのか，実証研究が望まれる。

　そもそも基本的なこととして，本人および本人の意向を代理する家族

が，この施設で看取ってほしいという希望がないと看取りは実現しない。施設に対する信頼感とも言えるだろう。そのためには，入所時からの家族を含めた継続的なコミュニケーションと，本人の快適な生活の日々の積み重ねが必要となる。施設スタッフが看取りまでのケアに自信を持って取り組むための教育も重要である。家族への終末期の意思決定支援の方法や，悪化時のアセスメントと対処方法の教育によって，入院のイベントを減らすことができる（Ouslander *et al.*, 2014）。一方で，ナーシングホームにおける教育介入のRCT（Randomized Controlled Trial）では予想に反し，有意な質の改善は見られなかった（Van den Block *et al.*, 2020）。つまり人員体制やケアスタッフの力量等にかなり多様性があるナーシングホームでは，画一的な介入の限界が示されたと言える。今後日本でも特養の看取りケアの改善に取り組むならば，固有の状況に配慮した介入プログラムが望ましいだろう。

　次に，遺族の評価と看取りケアの質について考えたい。筆者らは過去に，特養で看取った遺族と，特養から病院に搬送後に死亡した遺族の両者に，海外の既存の尺度を用いてアンケート評価を行った。特養で看取った場合の方が，総合評価の5段階評価で4以上の割合が76.7％と高かった（特養病院死亡：38.7％）。また，特養看取り群では，患者を尊重したケアについても特養病院死亡より高評価であった（池崎・池上，2012）。意思決定を振り返った遺族インタビューの研究によれば，特養の看護師の丁寧な関わりで安心感を持って決断できたと述べており（牧野 他，2020），特養が一貫して重視してきた本人・家族の意向の尊重は，十分に家族に評価されていると言えよう。

　しかしながら，こうしたケアの時期や内容が本当に的確であったかを学術的に評価できるほど，老衰や認知症の苦痛症状の程度や予後予測についてのエビデンスは十分でなく，今後の課題である（非がん疾患のエンドオブライフ・ケア（EOLC）に関するガイドライン作成研究班，2019）。萩田らは，経験豊かな特養看護師への調査を通じて，彼女たちが実際に予後予測に役立てている43項目を明らかにしており，"一定以

上の食事量を摂ると，嘔吐などの消化不良をきたす”といった消化器症
状や，“ほかの職員や家族から「だんだん弱ってきている」などの衰弱
の変化を捉えた発言”といった主観的な印象も含む多様な内容となって
いる（萩田・大村，2021）。今後，これらを科学的に検証することは，
世界に先駆けたエビデンスの構築としても有用と思われる。2021年度
から開始したLIFE（科学的介護情報システム）を，こうした看取りケ
アの質の向上に向けたエビデンスの構築に役立てていくことが期待され
る。

参考文献

Cohen AB, Knobf MT and Fried TR (2017) "Avoiding Hospitalizations
from Nursing Homes for Potentially Burdensome Care: Results of a
Qualitative Study," *JAMA Internal Medicine*. 177（1）：137-139.

Ikegami N and Ikezaki S (2012) "Japan's Policy of Promoting End-of-life
Care in Nursing Homes:Impact on Facility and Resident Characteristics
Associated with the Site of Death," *Health Policy*. 105（2-3）：303-311.

Ouslander JG, Bonner A, Herndon L, *et al.* (2014) "The Interventions
to Reduce Acute Care Transfers (INTERACT) Quality Improvement
Program: An Overview for Medical Directors and Primary Care Clinicians
in Long Term Care," *Journal of the American Medical Directors
Association*. 15（3）：162-170.

PwC コンサルティング合同会社（2021）『特別養護老人ホームにおける看取り等
のあり方に関する調査研究報告書』

Van den Block L, Honinx E, Pivodic L, *et al.* (2020) "Evaluation of a
Palliative Care Program for Nursing Homes in 7 Countries: The PACE
Cluster-Randomized Clinical Trial," *JAMA Internal Medicine*. 180（2）：
233-242.

会田薫子（2019）『長寿時代の医療・ケアーエンドオブライフの論理と倫理』筑摩
書房

池上直己（2017）『日本の医療と介護　歴史と構造，そして改革の方向性』日本経
済出版社

池崎澄江, 池上直己 (2012)「特別養護老人ホームにおける特養内死亡の推移と関連要因の分析」『厚生の指標』59 (1)：14-20.

池崎澄江, 谷本真理子, 黒河内仙奈 他 (2020)「特別養護老人ホームにおける看取り実践の質向上に向けた取り組み」『第 40 回日本看護科学学会学術集会講演集』10-67.

石川崇広 (2022)「介護施設のエンドオブライフケアの質向上のために　施設における嘱託医の役割とは－終の棲家での医師の存在意義－」『日本エンドオブライフケア学会誌』6 (2)：94.

伊東美緒 (2019)「【認知症ケアのトピックス】一般病院において認知症高齢者の意思表示をどう支えるか」『老年看護学』23 (2)：38-43.

医療経済研究機構 (2003)「特別養護老人ホームにおける終末期の医療・介護に関する調査研究」

岩淵正博, 佐藤一樹, 宮下光令 他 (2016)「終末期医療を患者・家族・医師の誰が主体となって決定したかについての関連要因と主体の違いによる受ける医療やQuality of Life への影響の検討」『Palliative Care Research』11 (2)：189-200.

川崎千鶴子 (2020)「看護師に求められるスキル「極力手を出さない」という高度な看護実践―施設看護師は老衰看取りで何をして, 何をしないか」『訪問看護と介護』25 (1)：30-34.

厚生労働省 (2008)「第 50 回社会保障審議会介護給付費分科会　資料 1 重度化対応加算等の経過措置の見直しに係る諮問について」< https://www.mhlw.go.jp/shingi/2008/03/dl/s0325-4b.pdf > 2022 年 12 月 16 日アクセス

厚生労働省 (2012)「医師法第 20 条ただし書の適切な運用について（通知）　医政医発 0831 第 1 号」< https://www.mhlw.go.jp/web/t_doc?dataId=00tb8648&data Type=1&pageNo=1 > 2022 年 12 月 16 日アクセス

厚生労働省 (2015)「社会保障審議会介護給付費分科会　平成 27 年度介護報酬改定に関する審議報告」< https://www.mhlw.go.jp/file/05-Shingikai-12601000-Seisakutoukatsukan-Sanjikanshitsu_Shakaihoshoutantou/0000070815.pdf > 2022 年 12 月 16 日アクセス

厚生労働省 (2021)「令和 2 年介護サービス施設・事業所調査の概況」< https://www.mhlw.go.jp/toukei/saikin/hw/kaigo/service20/dl/gaikyo.pdf >

2022 年 12 月 16 日アクセス

厚生労働省（2022a）「令和 3 年（2021）人口動態統計月報年計（概数）の概況 結果の概要」< https://www.mhlw.go.jp/toukei/saikin/hw/jinkou/geppo/ nengai21/dl/kekka.pdf > 2022 年 12 月 16 日アクセス

厚生労働省（2022b）「令和 4 年度版死亡診断書（死体検案書）記入マニュアル」 < https://www.mhlw. go.jp/toukei/manual/dl/manual_r04.pdf > 2022 年 12 月 16 日アクセス

厚生労労働省（2022c）「2021 年人口動態統計　上巻　5-5　死亡の場所別にみた 年次別死亡数」< https://www.e-stat.go.jp/stat-search/files?page=1&layo ut=datalist&toukei=00450011&tstat=000001028897&cyc le=7&year=20 210&month=0&tclass1=000001053058&tclass2=000001053061&tclass3 =000001053065&res ult_back=1&tclass4val=0 > 2022 年 12 月 16 日アク セス

厚生労働省（2022d）「令和 3 年度介護給付費等実態統計の概況　施設サービス の 状 況」< https://www. mhlw.go.jp/toukei/saikin/hw/kaigo/kyufu/21/ dl/06. pdf > 2022 年 12 月 16 日アクセス

島田千穂, 伊東美緒, 平山亮 他（2015）「看取りケア経験の協働的内省が特別養護 老人ホーム職員の認識に及ぼす影響」『社会福祉学』56（1）：87-100

島田千穂（2020）「高齢者の治療選択とアドバンス・ケア・プランニング」『老年 看護学』25（1）：5-11.

全国老人福祉施設協議会（2015）「平成 26 年度 老人保健事業推進費等補助金（老 人保健健康増進等事業分）事業　特別養護老人ホームにおける看取りの推進と 医療連携のあり方調査研究事業　看取り介護指針・説明支援ツール【平成 27 年度介護報酬改定対応版】」< https://mitte-x-img.istsw.jp/roushikyo/file/ attachment/304137/mitori-kaigo-shishin.pdf > 2022 年 12 月 16 日アクセ ス

中里和弘, 涌井智子, 児玉寛子 他（2020）「終末期における医療者から家族への意 思決定支援が遺族の看取りの満足度に及ぼす影響」『日本老年医学会雑誌』57（2）： 163-172.

萩田妙子, 大村光代（2021）「特別養護老人ホームでの看取りにおける看護師の 経験知に基づく予後予測項目の内容妥当性の検討」『老年看護学』25（2）：98- 106.

濱崎絵梨，村社卓（2019）「特別養護老人ホームでの end-of-life care における生活相談員の支援姿勢と支援内容の検討―移行期における家族の意思決定に焦点を当てて」『ソーシャルワーク学会誌』（38）：27-38.

非がん疾患のエンドオブライフ・ケア（EOLC）に関するガイドライン作成研究班（2019）『非がん疾患のエンドオブライフ・ケア（EOLC）に関するガイドライン』日経 BP

牧野公美子，杉澤秀博，白柳聡美（2020）「施設内看取りを代理意思決定し看取る過程で家族が経験した精神的負担と代理意思決定に対する想い―介護老人福祉施設に入所する認知症高齢者の家族の場合」『老年看護学』25（1）：97-105.

第 2 章

介護老人保健施設における
余命が限られた方々へのサービス提供

大河内 二郎 [1),2),3)]　東 憲太郎 [4),5),6)]

1）介護老人保健施設 竜間之郷 施設長
2）全国老人保健施設協会 常務理事
3）東京大学在宅医療学 特任講師
4）介護老人保健施設 いこいの森 理事長
5）全国老人保健施設協会 会長
6）三重大学医学部 非常勤講師

1．介護老人保健施設の特徴

　介護老人保健施設（以下，老健施設）は，介護保険制度以前は病院から退院した人がリハビリテーション等により機能を回復させ，地域に戻るための「中間施設」として1986年の老人保健法改正に基づいて医療とケアを提供する施設として整備された。2000年の介護保険制度においては「介護保険施設」として再スタートしたが，当初は特別養護老人ホーム（以下，特養）との機能の区別が不明確であると指摘されてきた。そこで2011年の介護報酬改定から在宅復帰率，および回転率といったアウトカム指標に基づく介護報酬が導入され，在宅復帰の機能が見直された結果，老健施設と特養との機能の差が明確になった。さらに2018年に施行された改正介護保険法において，老健施設の対象者は，「要介護者であって，主としてその心身の機能の維持回復を図り，居宅におけ

る生活を営むための支援を必要とする者」とされたことで地域包括ケア
システムの中心としての重要性が増加した。

2．老健施設の利用目的と看取りの位置付け

　老健施設は，常勤医師がいるため，幅広い医療に対応できる。さら
に，リハビリテーション関連職種，看護・介護職，栄養士・支援相談員
が常勤であり，非常勤ではあるが薬剤師も配置されている。したがって
老健施設は多職種協働により，利用者の様々なニーズに対応することが
できる。図1に施設利用者の高齢化の様相と，それぞれに応じた利用パ
ターンを示した。(1) 疾患に罹患し，入院することによる機能低下に
対してリハビリテーションを行い在宅復帰を目指す場合，(2) 通所リ
ハビリテーションやショートステイを利用しつつ，在宅復帰を維持する
場合，(3) 長期入所あるいは特養等への他施設への移行のための利用，

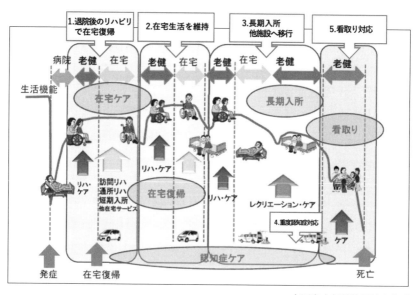

全国老人保健施設協会作成

図1　高齢化に伴う老健施設サービスの利用パターン

そして，（4）様々な重症度の認知症への対応および，（5）人生の最終
段階としての看取りへの対応などである。地域包括ケアシステムの考え
方の中では，高齢者が様々な障害を抱えながら，地域生活の継続を支え
るハブとして老健施設の関与が期待されている。

　このように，老健施設では複数のニーズに対応できる。また利用者の
視点から考えると，老健施設の利用目的は多様である。2021 年の研究
事業では，老健施設利用目的別の利用者の特徴を明らかにした（全国老
人保健施設協会，2022）。老健施設の利用目的は大きく分けて 3 つある。
（1）在宅復帰，（2）特養，老人ホームなどの施設待機，（3）看取り・ター
ミナル対応である。図 2 にそれぞれの目的別の利用者の特徴を示した。

　在宅復帰を目的とした利用者は，平均年齢84.4歳と比較的若く要介
護度も高くない。一方，看取りを前提とした利用者は年齢も要介護度も
高い。また，施設入所待ちの利用者は，その中間となる年齢と要介護度
であった。この結果から，高齢者の加齢に伴って変化していくニーズに

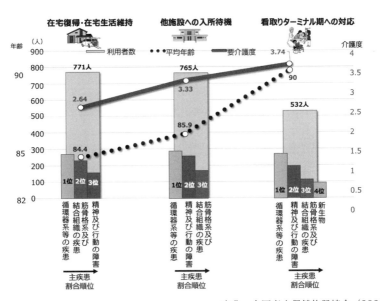

出典　全国老人保健施設協会（2022）

図 2　利用目的別の対象者の状態像

対応するため老健施設のニーズは多様となっていることが理解できる。

　在宅生活支援と看取りは一見相反していると考えられるが，在宅復帰率が高い施設ほど看取りを行っている割合が高い。新規入所者のうち，当初から入所目的が「看取り」である高齢者は約4％に過ぎないが，繰り返し利用する中で，最後の場所として老健施設を選んでいると考えられた（全国老人保健施設協会，2022）。以上から在宅生活支援を繰り返した延長として老健施設における「看取り」があると考えられる（折茂，2019）。

3．介護老人保健施設における看取りについての経緯

　老健施設は制度開始当時から看取りが積極的に行われていたわけではない。表1に老健施設における看取りについての経緯を示した。

　1999年介護保険実施の前年に，全国老人保健施設協会が老健施設におけるターミナルケアの在り方についての研究班を設立したが，当時は全施設の約7％で看取りが行われていたに過ぎない。また，介護保険制度開始当時，老健施設でのターミナルケアについて実践を肯定的に捉えていた老健施設の職員は10％であった（坪，2001）。一方で，介護保

表1　老健施設における看取りに関する経緯

1986　老人保健法に基づき老健施設を制度化
1999　老健施設におけるターミナルケアの在り方に関する研究班
2000　介護保険法により介護老人保健施設となる
2006　老健施設に対応する看取りへのガイドライン作成に関する研究事業
2009　老健施設ターミナルケア加算開始
2011　老健施設が持つ多機能の一環としての看取りの在り方に関する調査研究事業
2012　在宅復帰率による施設加算の開始 　　　　老健施設における看取りのガイドライン公表
2017　介護保険法改正にて老健施設の在宅復帰が明確化

険法が開始され，多様な利用者が老健施設を利用することになると，介護現場の意識も急速に変化し，2003 年の調査では看護職の 53％，介護職の 48％がその必要性を感じるようになっていた（織井，2006）。

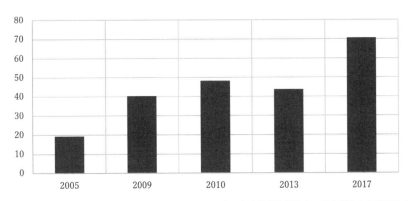

全国老人保健施設協会の報告書等から筆者作成

図 3　施設内看取りを行っている老健施設の割合

表 2　看取りガイドライン項目

介護老人保健施設における看取りのガイドライン項目
1．基本精神
2．終末期の考え方
3．本人の意思確認
4．本人以外の意思確認
5．説明と同意
6．看取りにおける医療
7．看取りの体制
8．「終末期ケア委員会」の設置
9．「終末期ケア委員会」の業務
10．看取りにおける看護・介護および療養環境
① 本人・家族等に対する援助
② 環境の整備
③ 死後の処置と各種手続きの相談および援助
11．職員教育
12．「看取りに関する指針」の整備

その後，在宅復帰を繰り返す利用者の中に，最終的には施設で看取りをする高齢者が増え，施設での看取りの実施率は増加した（図3）。

このような背景から，2009年には介護保険の報酬の一環として老健施設におけるターミナルケア加算が開始された。2006年には老健施設における看取りの在り方に関する調査研究事業が実施され，その結果に根差した老健施設の看取りガイドライン項目案が取りまとめられた（表2）（全国老人保健施設協会，2007）。その当時の社会情勢により，最終的に2012年に老健施設の看取りガイドラインが公表された。

2009年からは老健施設での看取り加算が開始され，介護報酬改定ごとに内容が充実し，老健施設における看取りはさらに増加する傾向にある。

4．老健施設においての
ACP（Advance Care Planning）と看取りの位置付け

老健施設は在宅復帰および在宅支援を目指す施設であるから，利用者が「入所サービス」を最初に利用するとは限らない。在宅維持の目的で，通所リハビリテーション（通称デイケア）や訪問リハビリテーションを利用しつつ，一時的にショートステイを利用し，その後，疾病等による身体機能の低下や，介護者の急病等の環境要因をきっかけに入所サービスを使用する場合がある。さらに，在宅復帰や他の施設入所等を経て看取りの時期を迎える。すなわち，年齢や身体状況，あるいは環境によってACPや看取りに対する考え方が変化する。在宅サービスを利用中の高齢者にとっては，ACPの内容はどこで生活を続けるか，という課題となる。その一方で，急変時には病院を希望する傾向がある。病院への搬送希望者は年齢に伴って減っており，80歳の場合61％，81 ～ 84歳で50％，85 ～ 89歳で28％，90歳以上で14％であった（佐々木，2019）。「医療機関への搬送を希望する群」と「希望しない」の2群で分けると，希望の有無のカットオフとなる年齢は87歳であった。医療

機関への搬送を希望しない群は希望する群よりも平均介護度が高く，平均HDS-R（長谷川式簡易知能評価スケール）得点が低かった（佐々木，2019）。ただしこの調査は家族の意向を聞いており，本人の意思とは異なる可能性がある。そして，この病院への搬送希望は，死に場所の選択ではなく，急性期治療の実施希望と混同されていると考えられた。

　日本老年医学会は2019年に「ACP推進に関する提言」を表明した。これによると「医療を受けていない高齢者においても，要介護認定を受ける頃までにはACPを開始することが望ましい。すでに介護施設に入所している高齢者においては，その施設において直ちにACPを開始すべきである。すでに意思表示が困難な状態となっている場合であってもACPの開始を考慮すべきである」としている（日本老年医学会，2019）。老健施設は比較的軽度のうちから対象者に関与することから，早期のACPの実施が可能であり，それを支える体制が望まれる。

5．老健施設における医療マネジメント

　老健施設内でのACPおよび看取りを行う上で，施設内で行える医療行為，行えない医療行為を明確にして，利用者に具体的な説明を行った上で理解を求めることが望ましい。

　2016年に老健施設における医療提供実態等に関する調査研究事業を行った（全国老人保健施設協会，2017）。この調査では，（1）現状の老健施設においてどのような病状・状態の高齢者を受け入れているか，（2）難病等の利用者について老健施設を利用する際の阻害要因，（3）入所中に起き得る急性期疾患への対応状況などを検討した。図4に，老健施設で実施できる医療を示した。老健施設ではほとんどの医療内容に対応していたが，酸素療法の受け入れ，1日数回以上の血糖値測定を伴う糖尿病の管理が困難な施設があることが明らかになった。入所をお断りしたケースにおいて断った理由を調査したところ，図5のように酸素療法および頻回の喀痰吸引が原因として挙げられた。酸素療法の場合，他の

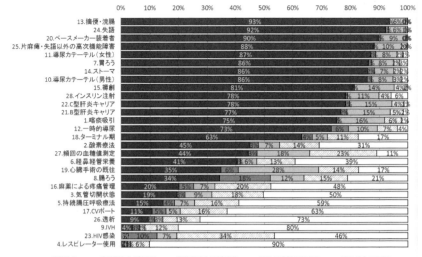

図4　老健施設で受け入れ可能な医療行為

（施設に対するアンケート　n=887）

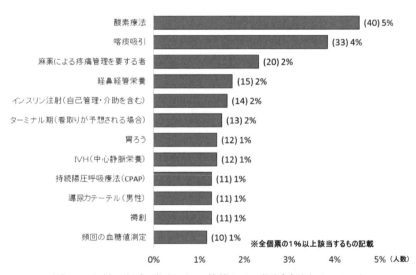

図5　入所の阻害要因となる状態および医療処置（n=858）

　医療機関を受診せず，酸素サービス会社と直接契約をすると毎月１人当たり４万２千円の出費となる。一方，関連のない医療機関を受診すると管理指導料として２万４千円の出費となる。これは介護保険制度では老健施設がその費用を介護保険あるいは医療保険に直接請求できないためであり，制度の改善が望まれる。

　また，現行制度では所定疾患施設療養費として，肺炎，尿路感染症，帯状疱疹および蜂窩織炎については算定可能である。治療管理として投薬，検査，注射，処置等が行われた場合に，１回に連続する10日間（研修を受講した場合）を限度に月１回算定できる。これは施設内でも治療できる疾病を，病院に転院させて加療することにより生じる利用者の不便や，総コストを抑えるためにできた制度である。この制度により，急性期治療を行いつつ，施設内看取りをする判断がしやすくなっていると考えられる。また，老健施設の医療サービスの質を測る一つの指標として，ガイドラインの利用割合がある。老健施設管理医師の65％がなんらかのガイドラインを活用していた。その内訳を図６に示した。高血圧や糖尿病などの疾病や薬剤に関するガイドラインの利用は進んでいる傾

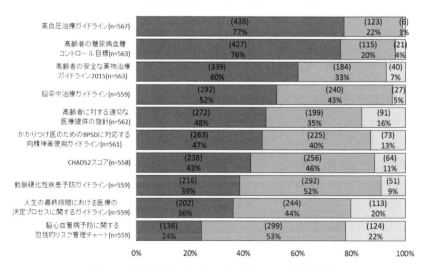

図６　老健施設におけるガイドライン活用状況

向が示された一方で，看取りに関連した「人生の最終段階における医療
の決定プロセスに関するガイドライン」などは36％しか普及していな
かった。

6．老健施設における看取りの満足度

　2013年に全国老人保健施設協会は，老健施設での看取りについて，
看取った後の家族に対してその満足度調査を行った（全国老人保健施設
協会，2014）。海外では看取りの質の評価は遺族調査が主であるが，本
邦で遺族に対する看取りの満足度調査が行われたのは初めてであった。
その結果，家族の67.3％が老健施設での看取りに大いに満足し，やや
満足が21.3％であり，この2つを合わせると89％の家族が看取りに満
足していた。この研究から，老健施設での看取りの満足度に影響を与え
る要因を，（1）利用者側の要因と（2）施設側の要因2つの側面で分析
を行った。まずは看取りの満足度に関する利用者側の要因である。満足
度が高くなる要因としては，臨終の際に立ち会う（Odds比：4）および，
最終的にどこまで医療をやるか事前に方針を決めていた（Odds比：6）
の2つの要因が重要であることが分かった（泉田 他，2016）。
　一方，施設側の要因としては，入所時に利用者に対し，「疾病状態の
説明」「治療方針の説明」「病状悪化時の説明」を「多職種の一部として
医師が行っている」あるいは「主に医師以外が行っている」場合に利用
者の満足度が高いという結果が得られた。このほか，「利用者への定期
的な診察を行っている」および「職員へのストレスマネジメントに積極
的な施設」が満足度と関係していた（小竹 他，2020）。このような満
足度が高い要因としては以下のことが考えられた。
　（1）病院での看取りは，慌ただしい中で，時には各種のチューブに
　　　繋がれたまま行われることが多い。それに比べると施設では，
　　　より自然な環境の中で，馴染みの関係にある職員や家族に見守
　　　られながら，看取られることが可能である。

(2) 音楽，レクリエーション，行事，会話等々，本人のQOLを考慮
　　したケアが可能である。
(3) 病院と比較し身体介護・精神看護がより手厚く提供できる可能
　　性がある。
(4) 老健施設における看取りは，病院に比べ低コストになる可能性
　　が大きい。

7．コロナウイルスと老健施設の看取り

　2020年から始まったコロナウイルス感染症の流行により，施設内の
看取りは変化せざるを得なかった。コロナウイルスクラスターによる施
設内死亡者の数は海外よりは少なかったが，クラスターの中で家族の面
会ができないまま，状態が悪化し死亡する高齢者が発生した（大河内，
2021a）。
　通常時であれば，終末期のケアについて十分な説明を行っていると
老健施設での看取りは満足度が高いことは先述した通りである（織井，
2006）。しかし，COVID-19流行期においては，面会の制限等のため
同様の看取りが行えない。また，罹患者には保健所や入院先の病院から，
COVID-19罹患後に状態が悪化した場合の対応の再確認が求められた。
具体的には，人工呼吸器やECMOの使用についてである。初回利用時
には，看取りの際の延命治療として，人工呼吸器やその他急性期医療は
不要としても，COVID-19に罹患した場合は，できるだけのことをし
てほしいと希望する家族もいる。また，利用者が認知症で判断ができず，
家族も来所を制限している中で，短時間で様々な意思決定を行うことは
困難な状況がある。日本老年医学会は2020年8月に「新型コロナウイ
ルス感染症（COVID-19）流行期において高齢者が最善の医療および
ケアを受けるための日本老年医学会からの提言－ACP 実施のタイミン
グを考える－」を提唱した（日本老年医学会，2020）。この中で「本人・
家族との医療情報共有と積極的な意思決定支援が必要である」，「本人と

新型コロナウイルス感染症流行時における入所の継続などについて

介護老人保健施設　竜間之郷

施設長　大河内二郎

○ 施設での感染症発症を完全に抑制できない可能性がある
当施設ではご利用の皆様が新型コロナウイルス等の感染症にかからないよう，面会の制限，入所者および職員の体調観察など最大限の注意を払っております。しかしながら無症状の感染者からの感染を防ぐことは困難です。

○ 発症者が出た段階での在宅復帰や他の施設への移動は困難である
施設内で発症者が出たら，既に施設内に感染が広がっている可能性があります。この段階での移動は感染症を広げる可能性があることから困難になります。

○ 高齢者で様々な疾患を持っているために重症化しやすい
高齢者施設には様々な疾患を抱えたご高齢の方が多く，そのような方は重症化しやすいことが知られています。

○ 施設での感染対策・ウイルス検査
施設内で発症者が出た場合，感染症の広がりを防ぐために，居室の変更や居室内での隔離が行われます。感染が疑われた場合，医療機関でのウイルス検査を行います（初診料等が必要になることがあります）。

○ 感染時の対応
利用者がコロナウイルス陽性と判明した場合コロナウイルス感染症の方を治療している専門の医療機関に入院することになります。どこの医療機関に移るかは保健所が決めるため選択できません。

○ 感染症に罹患して重症になった時の治療をどうするか考えてみる
コロナウイルス感染症に罹患して入院する際には保健所や先方の医療機関から，今後の治療方針についてどこまでの治療を希望するかという問い合わせがあります。これらの医療機関では呼吸器症状などの程度により，内服あるいは点滴の治療や酸素マスクによる酸素供給がなされます。さらに重症になると，人工呼吸器やECMO（エクモ；人工肺とポンプを用いた体外循環回路による治療）などの治療が行われる場合があります。これらの治療により改善する場合もありますが，改善の見込みが低い場合もあります。重症の病期になった時にどのような治療を望むのか，ご本人もご家族も当施設入所を機会に考えてみましょう。

図7　コロナウイルス感染時における利用者への説明文章

家族および医療・ケア従事者とのコミュニケーションの確保が必要である」と述べ，本人，家族間の情報共有およびコミュニケーションの重要性について指摘した。

　加えて日本老年医学会と全国老人保健施設協会は，利用者に対するコロナウイルス流行時における説明文書を作成し公開した（図7）（大河内，2021b）。

　このような提言があっても，老健施設を含む高齢者施設においては，厳しい面会制限を続けているところもあり，施設入所者のQOLの低下，ひいてはADLの低下が懸念されている（石井，2021）。

8．老健施設における看取りの課題

　これまでわが国における看取りに際する同意においては，本人よりも家族の意向が重視されてきた（加藤・竹田，2017）。本人の意思確認ができないまま家族がその役割を担っている。また，終末期に受ける急性期医療と終末期医療の差が明確でなく，効果がない不適切医療を受ける可能性が高い。さらに，本人が希望する生活する場所と，最後を迎える場所についての整理も十分ではない。表3に示すような内容まで踏み込み，かつ，それを記録として残すという仕組みが必要であると考える。そのためにはできるだけ早期のACPが望ましい。すなわち本人の意思を反映させるためには認知症になる前，あるいは認知症早期である必要がある。そして老健施設の場合，これは初回入所時よりも前であり，例

表3　老健施設入所者にACPを実施する際に確認すべき事項

意思確認	本人の意思
	家族の意思
受療の判断	急性期医療
	終末期医療
看取りの場所	生活する場所
	死ぬ場所

えば通所リハビリテーションや訪問リハビリテーション開始時が想定される。ACPの契機としては，要介護認定を初回に受けるタイミングが望ましいと考えられる。さらに高齢者本人が，配偶者または他者と終末期の治療の選好について事前に議論しておくことが高齢者の意思が不明であるという不確かさを有意に減少させる（Moorman and Carr, 2008）。したがって，老健施設の通所リハビリテーション利用時や初回施設入所時等における早期ACPの実施が望ましい。そのためにも介護報酬上のACP支援を行うのが適切であると考える。また，このように整理することにより，老健施設での看取りは，単なる死に場所の提供ではないことが明らかとなる。より軽度な障害を負った時点から，残りの人生をどこで，どのように生きるのかという意思決定の支援が重要となってくる。したがって，単なる終末期医療でも，End of Life Careではなく，"Life Care"と考えることにより，それぞれの利用者の個別性に立ったマネジメントが可能になる。

　さらに，老健施設での適切なACPおよび看取りを実施するためには，より使いやすいガイドラインや手法の整理が望まれる。また，全国老人保健施設協会は，看取りに関する様々な研修会等を実施しているが，老健施設でのより良い看取りおよびACPの実施においては，介護職員らへの教育の充実が求められるとの指摘もある（Yokoya et al., 2018）。

参考文献

Moorman SM and Carr D（2008）"Spouses' Effectiveness as End-of-life Health Care Surrogates: Accuracy, Uncertainty, and Errors of Overtreatment or Undertreatment," *The Gerontologist*. 48（6）：811-819.

Yokoya S, Kizawa Y and Maeno T（2018）"Practice and Perceived Importance of Advance Care Planning and Difficulties in Providing Palliative Care in Geriatric Health Service Facilities in Japan: A Nationwide Survey," *American Journal of Hospice and Palliative Medicine*. 235（3）：464-472.

石井伸弥（2021）「新型コロナウイルス感染症流行が介護事業所の認知症ケアに及ぼした影響」『老年精神医学雑誌』32（4）：397-403.

泉田信行，大河内二郎，田宮菜穂子（2016）「高齢者施設における看取りについて」『日本老年医学会雑誌』116-122.

大河内二郎（2021a）「老人保健施設におけるコロナウイルス感染症クラスター発生の報告」『日本老年医学会雑誌』58（2）：312-314.

大河内二郎（2021b）「介護施設における COVID-19 対策－フレイル対策を中心に－」『Aging and Health』30（1）：14-17.

小竹理奈，羽成恭子，岩上将夫他（2020）「介護老人保健施設で看取りを行った遺族における看取りの満足度との関連要因」『日本公衆衛生雑誌』67（6）：390-398.

織井優貴子（2006）「都市部介護老人保健施設における終末期ケアについての意識調査：看護職と介護職の比較」『老年看護学』10（2）：85-91.

折茂賢一郎（2019）「介護老人保健施設における看取りの現状と課題，病院との連携」『診断と治療』45：1195-1198.

加藤真紀，竹田恵子（2017）「高齢者の終末期にかかる家族の意思決定に関する文献レビュー」『日本看護研究学会雑誌』40（4）：685-694.

佐々木大輔（2019）「介護老人保健施設におけるアドバンス・ケア・プランニングの試み」『心身医学』59（7）：652-656.

全国老人保健施設協会（2007）「介護老人保健施設が対応する見取りへのガイドライン作成に関する調査研究事業」

全国老人保健施設協会（2014）「介護老人保健施設の管理医師の有効活用による医療と介護の連携の促進に関する調査研究事業　報告書 2014」< https://www. mhlw.go.jp/seisakunitsuite/bunya/hukushi_kaigo/kaigo_koureisha/topics/dl/130705-3/1-07.pdf > 2022 年 11 月 30 日アクセス

全国老人保健施設協会（2017）「介護老人保健施設における医療提供実態等に関する調査研究事業 報告書」

全国老人保健施設協会（2022）「介護老人保健施設における多職種連携を通じた在宅復帰・在宅支援等に関する調査研究事業報告書」

坪捷江（2001）「介護老人保健施設職員のターミナルケアに関する意識調査」『綜合看護＝ Comprehensive nursing, quarterly』36（2）：33-40.

日本老年医学会（2019）「ACP 推進に関する提言 2019」< https://www.jpn-geriat-soc.or.jp/proposal/acp. html > 2022 年 11 月 30 日

日本老年医学会（2020）「新型コロナウイルス感染症（COVID-19）流行期において高齢者が最善の医療およびケアを受けるための日本老年医学会からの提言－ ACP 実施のタイミングを考える－ 2020」< https://www.jpn-geriat-soc.or.jp/coronavirus/pdf/covid_ teigen.pdf > 2022 年 11 月 30 日アクセス

第3章

在宅における看取り

佐々木 淳

医療法人社団悠翔会 理事長・診療部長

1. 在宅医療・在宅療養支援とは

　在宅医療を選択する患者の多くは，治らない病気や障害と共に生活している。人生の最終段階を生きている人も少なくない。治せる病気を治すことはもちろん重要である。しかし，それよりも重要なのは，たとえ病気や障害が治らない状態にあっても，残された機能を発揮しながら，安心できる生活，納得できる人生を生き切れるよう，医学モデル・生活モデルの両面から支援をすることである。

1) 医学モデル的支援：急変・入院を減らし「安心できる生活」を支える
　在宅医療は，衰弱していく心身の機能に応じた最適な治療とケアを提供する。在宅療養している虚弱高齢者の多くは，基礎疾患の急性増悪や

感染症などによる体調変化を起こしやすい。予測される急変に対しては，そのリスクをできるだけ少なくすること（一次予防），急変時に速やかに対応できるよう準備しておくこと（二次予防）が重要になる。そのためには，薬物療法の適正化など，人生のフェイズや生活力に応じた治療計画を随時調整する必要がある。

　また，誤嚥性肺炎や転倒・骨折など，在宅で生じる急変には低栄養やサルコペニアがリスク要因となる。栄養ケアやリハビリテーションによる機能回復の可能性が残されている場合，患者や家族の意向を確認しつつ，積極的な介入を行うこともある。また，要介護高齢者は入院によって身体機能・認知機能が低下しやすい（入院関連機能障害）。なるべく入院せずに過ごせるよう，日頃からの予防的な関わりに加えて，必要に応じて自宅で診断や治療ができる体制を整えておくことも重要になる。なるべく急変せず，なるべく入院せず，自宅で最期まで過ごすことができきれば，結果として自宅から旅立つことができる。

2）生活モデル的支援：環境因子を調整し「納得できる人生」を支える

　心身の機能に障害があっても，納得のできる人生を生き切れるよう支援する。これも在宅医療の重要な使命だ。日々の対話の中から，まずは患者・家族の真のニーズをキャッチする。そして，病気や障害があることを前提に，残された機能でその人が望む生活が可能になるよう生活環境を整えていく。住宅改修や支援機器の活用など物理的環境のみならず，家族の介護力やケアチームの関わりなども重要な環境因子の一部となる。

3）在宅における看取り

　病気や老衰により人生が最終段階に近付くと，積極的な治療によっても，残された時間を大きく変えることができない時が必ずやってくる。ここから先が「終末期」となる。看取りとは，終末期において最後まで

その人が望む生活に近付けることができるよう支援することである。自宅で最期まで生活が継続できれば，結果として自宅で最期を迎えることになる。したがって，在宅での看取りは，在宅療養支援の結果の一つに過ぎない。

　在宅療養支援診療所の機能評価の要件の一つに「看取り数」がある。これは自宅で死亡診断をした件数をカウントするものであるが，これは本来の「看取り」の定義とは異なる。在宅医の中には，自身の診療成績としての看取り率にこだわる医師も少なくないが，重要なのは患者・家族にとって納得のできる選択を支えることであり，自宅で死なせることを目的化すべきでない。

2．在宅看取りの現状

　日本では超高齢化の進行に伴い，死亡者数は増加を続けている。2022年現在，年間152万人が亡くなっているが，2060年には175万人まで増加すると予想されている（内閣府，2013）。これまで増加し続ける死亡者を受け入れてきたのは病院であった。しかし，病床数はこれ以上増えず，また病床の機能分化も進められ，看取りを目的とした入院も難しくなってきている。病院での看取りをこれ以上増やし続けることは難しい。一方，前述の通り，各種調査により国民の多くが人生の最後を過ごす場所として自宅を希望していることが明らかになっている。

　このような社会背景もあり，エイジング・イン・プレイス（Aging in Place：歳をとって身体的に衰えても，住み慣れた場所・環境や住まいで，最期まで自分らしく暮らす）という概念がクローズアップされ，それを支えるための仕組みづくりが行われてきた。2000年に介護保険法が施行，2006年には医療法改正により在宅療養支援診療所という新しい医療機関が定義された。2014年には医療介護総合確保推進法が施行され，地域包括ケアシステム（地域が主体となり，住まいを中心に，医療・介護サービス，生活支援・介護予防などを連携させ，一体的に提

供できる体制）の構築が全国的に進められるようになった。

　しかしながら，現状，人生の最終段階に対する国民の希望と現実には大きなギャップがある。住み慣れた自宅で最期まで過ごしたいと希望する人は約7割。しかし，実際には約7割の方が病院で亡くなっている。これは患者のQOL（QOD）および医療資源の適性利用の2つの点で大きな課題である。

　他の先進国と比較をしても，日本の病院死率の高さは突出している。しかし，これは日本に在宅で最期まで生活の継続を支えるための制度や仕組みがないということではない。

1）北欧の福祉先進国に遜色のない在宅医療・介護システム

　2021年の当院が在宅療養支援を担当した患者の死亡場所統計を示す（図1）。患者の約7割が最期まで自宅や施設で生活を継続している。病院死率は3割弱と，オランダやスウェーデンなど北欧の福祉先進国とほぼ同様の死亡場所の比率となっている。日本においても，在宅医療や介護保険サービスを適切に活用すれば，自宅で最期まで過ごすことは実は難しいことではない。

　むしろ，日本の在宅医療や介護保険制度は世界的に見てもとても恵ま

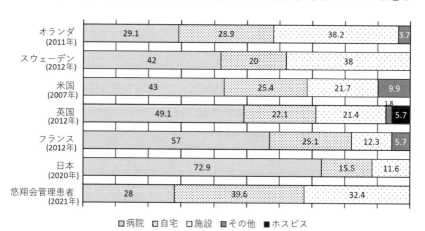

図1　各国の死亡場所統計および当法人の在宅管理患者の死亡場所

れている。医師をはじめとする様々な医療専門職による訪問サービス
が，公的医療保険によりこれほどしっかりとサポートされている国は少
ない。介護保険制度を持つ国も世界で4ヵ国しかない。中でも日本の介
護保険は，メニューの豊富さではトップレベルにある。制度的には人生
の最終段階を支える仕組みが十分に整備されているにもかかわらず，日
本では在宅看取りが進んでいない。

2）看取りではない在宅死の増加

　近年，日本の在宅死率は上昇している。しかし，これは死亡場所統計
であり，その全てが在宅看取りではない点には注意が必要である。
　在宅での異状死（警察による検案死）が含まれる。そしてそのボリュー
ムは無視できないほど大きい。平成27年の東京都監察医務院の報告（東
京都，n.d.）によると，東京都内における単身世帯の孤独死は年間約
4,690人，自宅での異状死は7,678人に上る。同年の東京都の在宅死は
約2.2万人。東京においては，在宅死の3分の1が警察による検案死と
いうことになる。
　在宅死率の上昇には，在宅看取りの増加のみならず，孤独死など在宅
での異状死の増加も反映されている点には注意が必要である。高齢単独
世帯も増加しており，在宅医療や介護の質を問う以前に，必要な人に必
要なサービスを適切なタイミングで届けられる仕組みも同時に構築しな
ければならない。

3）在宅での看取りを進めるために

　本人・家族が，自宅で最期まで生活を継続することを望み，それが実
現された結果が「看取り」である。これは，医学モデルと生活モデルの
両方をバランスよく組み合わせることで初めて成り立つ。患者・家族は，
病状の変化と共に，次から次へと重大な選択を重ねていくことになる。
人生が最期に近付いていくと，選択肢は少なくなっていく。また，後戻
りのできないものが増えていく。

同時に，心身の機能は低下していく。残存機能も徐々に失われ，生活のケアへの依存度が上がっていく。ケアの提供体制，家族や専門職の介護力によって選択肢が制限されることもある。納得のできる選択のための意思決定支援と，十分な選択肢を提案し得るケア提供体制の確保，そして家族による介護の関わり。この３つが，最期まで自宅で生活を継続する＝在宅で看取るための重要な要件となる。そして，この３つの要素は相互に影響し合う。

　この３つの要素についてそれぞれ考えてみたい。

3．意思決定支援

　最期まで納得のできる人生を送った結果としての在宅死＝在宅看取りのために，最も重要なのが意思決定支援である。在宅看取りの最大の阻害要因は，この意思決定支援のプロセスの難しさにある。

　誰もが自分らしく生きたいと思っている。私たちの人生は選択の連続だ。選択を重ねながら，私たちは人生を進んでいく。誰もがこれまでの人生の中で多くの選択をしてきた。そして，これから先も多くの選択をしていくことになる。つまり人生を生きるとは，生き方を選択する＝意思決定を重ねていく，ということでもある。

　若く元気なうちは無限の選択肢がある。しかし病気や老化により心身の機能に障害が発生すると選択肢には自ずと制限が生じる。残された時間がたっぷりあるなら選択をやり直すことができる。しかし残された時間が短くなると後戻りできないことも増えていく。人生が最終段階に近付けば近付くほど，選択肢は少なくなり選択のやり直しが利かなくなっていく。どの選択が本人にとって最適なのか。それはその人の価値観や人生観，その時々のコンディションによって変化する。正解は誰にも分からない。だからこそ，「納得できる選択であること」が重要になる。

　特に心身の機能や構造に障害のある人，残された時間が短い人は，周囲の環境によって選択肢が大きく変わる。医療や介護の専門職の関わり

によって，選択の幅は広くもなれば，狭くもなる。医療介護専門職は，納得のできる選択を支援することに加えて，その人にとってより良い選択肢を確保することも十分に留意しなければならない。

1）納得のできる選択を支援するために

「納得のできる選択」とは，如何なる結果になろうとも「これが一番良かった」と思えることである。一度選択をしてしまうと，他の選択肢を試したり確認したりすることはできない。この選択が本人にとって最適であったと確信できることでしか「納得」を得ることはできない。

そのために大切なのは，その選択に至る「プロセス」である。どのような文脈で，どのような対話を通じて，その結論に思い至ったのか。そのプロセスが納得のできるものであれば，気持ちが揺らいだ時にも，もとの判断に立ち戻ることができる。また，如何なる結果になろうとも，それをポジティブに受け入れることができる。

残された時間が3ヵ月であったという事実を「3ヵ月しか残されていなかった」と思うのか，「3ヵ月も時間があった」と思うのか，プロセスに対する納得度によって左右される。つまり，意思決定支援においては「何を選んだか」よりも「どう選んだか」のほうが重要になる。

2）意思決定の形の変化

特に医療の現場では，治療をするのかしないのか，するとすればどの治療を選択するのか，どこまで治療をするのか，次から次へと重大な後戻りのできない選択が連続する。そんな状況において「納得のできる選択がしたい」というムーブメントが生まれ，意思決定の形も徐々に進化してきた。

(1) パターナリズム（父権主義）

かつての医療は，患者が医者に逆らうことは許されなかった。強い立場にあるものが，弱い立場にあるものの利益のためとして，本人の意思

を問わずに介入・干渉・支援する。このような本人や家族の意向を無視した意思決定の形をパターナリズムという。

　現在，医療現場ではインフォームド・コンセント（説明と同意）が当たり前になっているが，これも実はパターナリズムであることが少なくない。医師から他の選択肢が示されず，治療の説明を受け，同意を求められる。「説明と同意」というよりは「説得と妥協」に近いインフォームド・コンセントも見受けられる。このような形の意思決定は，患者や家族の満足度を大きく棄損する。

(2) 自己決定

　それから時代は流れ，患者の権利意識が高まる。自分の身体，自分の命のことは自分で決めたい。そんな「患者の自己決定」という考え方が広がってきた。実際，「私は延命治療を受けない」「私はがんになっても放射線や抗がん剤は拒否する」，医療の現場でそんな患者に出会うことも増えた。

　自己決定できることは重要だ。しかし，医療は急速に進化していく。これまでになかった選択肢も出現している。「延命治療」とされていた医療処置を続けながら，何十年も社会の中で活躍している難病の患者がいる。強い副作用が恐れられていた放射線治療や抗がん剤も安全性や治療成績が向上し，がんの10年生存率は6割を超えるまでになった。このような状況において，患者が最新の正しい医学知識を持たない場合の「延命措置はしない」「放射線や抗がん剤の治療はしない」という意思を尊重することは，果たして本人にとって最適な選択と言えるのだろうか。

(3) 共同意思決定

　最適な情報がなければ，最適な自己決定は難しい。選択肢が増えていく中で，本人にとって最善の選択は何なのか。医療やケアに関する情報提供ができる専門家も含めて一緒に考えること＝「共同意思決定」が最

適な意思決定の形ではないかと考えられるようになった。

　その選択をすると，どのような未来が待っているのか。本人や家族の価値観を大切にしながら，それぞれの選択肢についてじっくりと話し合う，十分な情報に基づいてじっくりと考える，それによって納得できる答えが見つかる可能性が高くなる。

　治療すれば治る病気の方針決定は簡単である。しかし，治らない病気や障害と共に，人生の最終段階を生きている人たちにとって，この「共同意思決定」は納得のできる選択をするために非常に重要なプロセスとなる。

3）本人が意思表示できる場合

　自分の意思が表示できる時，今後，どのように生きていきたいのか，自分で選択をすることができる。ただし，このような話し合いにはタイミングが重要になる。信頼関係のない人に，唐突に「最後はどこで死にたいのか？」と問われれば，誰もが不愉快に感じる。最適なタイミングを見計らう必要がある。

　例えば，状況が変化した時（介護認定を受けた時，在宅医療が始まった時など），体調が変化した時（病状の悪化を自覚している時，病気の進行が検査等で明らかになった時など），話し合うきっかけが生まれた時（家族や友人，著名人が死亡・入院した時など）は，話し合いをするのに違和感のないタイミングである。ただし，急激な変化が予想される場合などには，あえてタイミングをこちらから作ったほうがよい場合もある。その時は，最も信頼関係のある人から声をかけてもらうなど，工夫が必要になる。

　共同意思決定において重要なのは，今後，本人の人生がどのように経過していくのか，その見通しを医学的知見と共に共有することである。今後，どのようなことが起こる可能性があるのか，それが起こったらどうするのか，その時にどんな選択があるのか，その選択のためには何が必要なのか，今から準備しておけるものはないのか，医療や介護の専門

家も交えた上で，まずは具体的なイメージを共有する。

　もちろん全てが予測できるわけではない。分からないことがあるということも共有しておくことが重要になる。治療の選択であれば，治療ができるかどうかだけではなく，治療をしてその後の生活はどうなるのか，その辺りまでしっかりと共有しておく必要がある。

（1）気持ちの揺らぎ

　「意思決定＝意思確定」ではないということは理解しておく必要がある。

　その意思決定は，あくまでその時点での選択である。病状の変化や環境の変化によって，当然，最適な選択は変わる可能性がある。またそれに伴い，本人の価値観や優先順位が変化することもある。

　誰もが気持ちは揺らぐ。だから一度決めたからそれで終わりということではなく，それが本人にとって本当に最適な選択なのか，考え続けることが大切である。話し合いを重ねていくと，徐々に気持ちの揺らぎも小さくなっていく。

　また，特に現状の受け入れが十分にできていない状況では，意思決定をすること自体が困難なこともある。

　提供された情報に対して拒絶的・感情的になる，提示された選択肢以外にもっと良い選択肢があるのではないかと模索をする，あるいは選ばなければいけないという状況から目を背けようとする，自分では選ばないという選択をするなど，いずれも理解できる人間的な反応である。

　このような時は，無理に結論を急ぐべきではない。決められない理由は何なのか，対話を通じて，本人自身で気付くことができるようサポートしながら，まずは現実を受容できるよう支援していく必要がある。

　また「意思決定＝医療の選択」ではない。それは納得のできる人生，自分らしい人生を生きるために必要な手段であり，どんな生活が自分にとって理想なのか，これから先をどう生きたいのかを一緒に考えるプロセスである。どこで・誰と・どんな生活・人生を送りたいのか。それが

明確になれば，どんな医療やケアが必要なのか，どこまで医療をすべき
なのか，どこで医療やケアを受けるのか，それは自ずと決まる。医療や
療養場所の選択は，生活や人生の一部に過ぎない。

(2) 具体的な意思決定支援の進め方

　意思決定にあたっては，この先，人生がどのように進むのか，病状や
治療の選択も含めて全体的・具体的なイメージを共有する必要がある。
そのために医療ケアチームを含めた「会議」のような場を持つこともあ
る。しかし，その場の話し合いで全てが決められるわけではない。また
決まったとしても，それはあくまでその時点における暫定的な選択であ
る。そのイメージを共有した上で，現在の生活を継続しながら，本人・
家族は最適な選択を考え続ける。もちろん一人で決められないという方
も少なくない。家族等，あるいは医療・ケアチームと継続的な対話を重
ねながら，本人が，自分にとって大切なものは何なのか，人生において
優先したいものは何なのかを自分自身で気付けるよう支援する。

4) 意思表示ができなくなる時に備えて

　「自己決定」も「共同意思決定」も，本人が意思表示できる（意思
決定に参加できる）という前提に基づいている。本人の判断能力が失
われてしまった時，本人の意向を担保するために行われるのが「事前
指示」と「ACP」（アドバンス・ケアプランニング：Advance Care
Planning）である。

(1) 事前指示（事前指示書）：Advance Directive

　本人が自己決定した内容が文書に書き留められたものを「事前指示書
（アドバンスディレクティブ）」という。本人が自分で意思表示ができな
い場合，周囲はその文書に従えばよいということになる。
　しかし事前指示書には問題がある。それは，書かれていることしか分
からず，また，書かれた時点で本人が病状経過の見通しや医学的情報を

適切に理解していたのかなどが判断できないことだ。

　「延命措置を希望しない」と記載されていた場合，本人にとってどこまでが延命措置なのか，そもそも本人は延命治療をどう理解していたのか，それが分からなければ，結局，どこまでどの程度の治療が許容されるのかを判断できない。「点滴を希望しない」と記載されていた場合，脱水や熱中症のように一時的な点滴治療で回復し得る意識障害であっても，点滴をせずそのまま看取るのが最適な判断なのか。細かなニュアンスが分からないと，場合によっては，本人の意図しない方針に基づいた行為が行われることが生じ得る。

　また，想定外の選択については事前指示書に記載されない。本人の予期せぬ形で病状が経過した場合，事前指示書だけでは現場では判断できないことも生じ得る。人生の最終段階で，事前指示書に書いた内容を変更したいと思っても，その時点で文書を書き換える能力が担保されていないと判断されれば，否応なしにその文書に従わされることになる。本来は自分らしく生きるための事前指示書が，その人の希望しない選択に繋がるリスクもある。

　そこで重要になってくるのが，ACPいわゆる「人生会議」である。

(2)　ACP（人生会議）：Advance Care Planning

　ACPは「何かを決めておく」ことを必ずしも目的としていない。あえてPlanではなくPlanningと進行形になっているのは，続けられる限り，続けようというニュアンスが含まれている。

　本人が家族等や支援者と対話を重ねていく中で，本人の人生観や価値観を理解する人が生まれていく。そうなれば，もし本人の判断力が失われても，周囲の人たちが本人の人生観や価値観，優先順位や判断基準に基づいて，本人も納得ができる（であろう）選択＝代理意思決定をすることができる。

　もちろん具体的な方針を決められるのであれば決めておいてもよい。しかし体調が悪化した時，人生が最終段階に近付いてきた時，当然気持

ちも変化する。新しい情報が入ることで，状況判断が変わることも当然に起こる。

　人生が最終段階に近付けば近付くほど，徐々にそこから先の見通しも明確になり，状況判断も自ずとよりリアリティを伴うものになっていく。これは「揺らぎ」というよりは，意思決定の更新というべきかもしれない。変化が起こり得るからこそ「事前に決めておく」ではなく，対話を続けることが大切になる。

(3) ACPに関する誤解

　ACPは，医師を中心に本人・家族等・支援者が集まり，医師から説明を聞いてこれから先の方針を決め，それを紙に記録する（場合によっては署名・押印する）もの，そんなイメージを持っている専門職も多い。しかし，これは正しくない。

　何かを暫定的に決めておくことはもちろんあってよいが，変わることが当然という前提で対話を重ねていくことが重要である。ACPにおいて大切なのは，その対話を通じて，周囲が本人の優先順位や判断基準を理解することにある。

　だからこそ，人生会議は「人生決議」であってはならない。もし文書を書いて，それが何物にも優先するというのであれば，パターナリズムの時代に医師が問答無用で方針決定していた時と何も変わらない。あくまで本人の本当の気持ちをみんなで考え続けることが大切である。

　医療介護専門職は日々のケアの中で，本人と関わる中で，様々な会話を交わしている。その中で少しずつこれまでの人生のこと，これからやっておきたいこと，やらなければいけないと思っていることをキャッチし，本人の人生観や価値観を少しずつ理解する。その繰り返し，積み重ねが，少しでも納得のできる選択のために最も重要である。

(4) 日本人に最適なACPの在り方

　意思決定支援の難しさに多くの専門職は悩み，その実践の中で違和感

を持つものも少なくないが，そもそも患者の自己決定，事前指示書，共同意思決定，ACP，これらは全て欧米から日本に持ち込まれた概念である。欧米では，自分のことは自分自身で決めるという文化がある。決めごとを書面にして契約書という形で取り交わす習慣もある。また，本人が確信を持って選択するにあたり，本人の価値観や生活歴などを熟知した信頼できる家庭医（GP）と相談できる状況にある。

　しかし，日本ではこれまで自分一人で自分のことを決めるという文化はなかった。家族と共に，地域やコミュニティという集団の中で，他人との関係性の間で自分の在り方を考えてきた。また，その場で明確に決定せず，流れの中で緩やかになんとなく決まっていくという形の合意形成が行われてきた。「以心伝心」，「阿吽の呼吸」，「良きに計らう」などはまさに日本人の意思決定や関わりをよく示している。

　病気のことだけでなく，人生の重要なことを相談できるような主治医を持つ人も多くはない。そのような状況において，その場限りの「担当医」と話し合い，人生の重大な決断を文書にして残すということに違和感が生じるのは当然と言える。

　日本人にとって違和感の少ない意思決定の形，本人に「良きに計らう」ことができる関係性を構築するためにも，医療介護専門職は日頃から十分に対話を重ねていくことが大切である。

5）本人が意思表示できない場合

　在宅医療を受けている患者の中には，診療開始時に，すでに本人の判断力が保たれていない，あるいは意思疎通が困難なケースもある。進行した認知症や神経変性疾患，脳血管障害や脳腫瘍などで認められることがある。このような場合，以下のように検討を進める。

（1）本当に意思表示ができないのか確認する

　このような場合，まずは本当に意思表示ができないのか，慎重に検討する必要がある。

　意思決定のプロセスは対話＝コミュニケーションである。良好なコミュニケーションの前提として，相互の信頼関係が重要になる。特に認知症の人の場合，大脳皮質の働きが低下している分，大脳基底核の働きが活性化している。好き嫌いが明確になり，「好まざる人物」とはコミュニケーションが成立しないこともある。医師とは対話困難だが，介護職とはスムースに対話ができるということも，あるいはその逆のパターンもある。少なくとも好き嫌いが表出できるということは，本人には意思があるということに他ならない。本人の意向をキャッチする努力をすべきである。

（2）本人の意思を推測する方法を探す

　本当に意思表示ができないと判断した場合には，本人の意向を推測できる材料を探すことになる。

　本人が自分の思いや考えを記したメモや書類が残されている場合がある。また，家族や親しい友人などが本人の意向や価値観を理解していることがある。このような場合には，文章や家族の理解に基づいて，家族・医療介護専門職が一緒に代理意思決定を行うことになる。

　ただし，本人が明確に自身の意向を周囲に伝えていないこともある。また，家族と本人の利害が対立し，家族が代理意思決定者として適切でないケースもある。このような場合，後述する臨床倫理の考え方に従い，本人にとっての最適な選択を一緒に考えていくことが重要である。

（3）家族だけに重大な決断の責任を負わせない

　重大な決断を家族だけに負わせないことはとても重要である。特に治療の中止や不開始に関する決定は，本人の生命予後を直接的に左右する。家族は，自らの決断で本人を死なせることになるのではないかというプレッシャーから，本人の意向には反すると理解しつつ，消極的に治療の継続を選択してしまうことがある。これは在宅看取りの主たる阻害要因でもある。

特に意思疎通の難しいレベルの認知症の場合，身体機能・嚥下機能の低下を伴う。多くは人生の最終段階で誤嚥性肺炎を繰り返し，その都度，入退院を繰り返し，階段を下るように要介護度と栄養状態が悪化，嚥下機能が低下していく。どこまで肺炎として積極的に治療するのか，どこから人生の最終段階として苦痛の緩和を優先した治療に切り替えるのか，その判断は非常に難しい。特に家族にとっても納得のできる選択になるよう，医療専門職は病状経過の見通しと積極的治療（入院含む）によって得られるメリットとデメリットを具体的に説明し，本人にとって優先すべき利益は何かを共に考えることが重要である。

6）臨床倫理の考え方

　日々の医療・ケア提供の場において，治療の実施または中止や不開始を検討する時，何が最適な選択なのか，本人の意向を最優先していれば問題はないのか。治療できる病気をあえて治療しないのは，倫理的に問題にならないのか。家族等の意向をどの程度優先すればよいのか，医療介護専門職も悩むことが多い。

　まずは全体的な状況を概観することが重要である。情報を整理して多角的に検討するための方法の一つとしてJonsenらの４分割法がある（図２）。これを使えば，その時点の状況を本人の意向，周囲の状況，医学的適応，QOLの４つの視点で網羅的に整理することができる。その上で，本人・家族，医療介護専門職で本人にとっての最適な選択を共に考える。

①本人の意向

　本人はきちんと意思表示ができるか。意思表示できる場合，本人はどのように考えているか。本人は判断にあたって，必要な情報が提供されているか。意思表示ができない場合，本人の推定意思を代弁してくれる人がいるか。事前指示や本人の意思を記したメモはあるか。本人は協力的か，協力的でない場合はその理由は何か，などの情報を整理する。

医学的適応（Medical Indications）
善行と無危害の原則
1. 患者の医学的問題は何か？ 病歴は？ 診断は？ 予後は？
2. 急性か，慢性か，重体か，救急か？ 可逆的か？
3. 治療の目標は何か？
4. 治療が成功する確率は？
5. 治療が奏功しない場合の計画は何か？
6. 要約すると，この患者が医学的および看護的ケアからどのくらいの利益を得られるか？ また，どのように害を避けることができるか？

患者の意向（Patient Preferences）
自律性尊重の原則
1. 患者には精神的判断能力と法的対応能力があるか？ 能力がないという証拠はあるか？
2. 対応能力がある場合，患者は治療への意向についてどう言っているか？
3. 患者は利益とリスクについて知らされ，それを理解し，同意しているか？
4. 対応能力がない場合，適切な代理人は誰か？ その代理人は意思決定に関して適切な基準を用いているか？
5. 患者の事前指示はあるか？
6. 患者は治療に非協力的か，または協力出来ない状態か？ その場合，なぜか？
7. 要約すると，患者の選択権は倫理・法律上最大限に尊重されているか？

QOL（Quality of Life）
善行と無危害と自律性尊重の原則
1. 治療した場合，あるいはしなかった場合に，通常の生活に復帰できる見込みはどの程度か？
2. 治療が成功した場合，患者にとって身体的，精神的，社会的に失うものは何か？
3. 医療者による患者のQOL評価に偏見を抱かせる要因はあるか？
4. 患者の現在の状態と予測される将来像は延命が望ましくないと判断されるかもしれない状態か？
5. 治療をやめる計画やその理論的根拠はあるか？
6. 緩和ケアの計画はあるか？

周囲の状況（Contextual Features）
忠実義務と公正の原則
1. 治療に関する決定に影響する家族の要因はあるか？
2. 治療に関する決定に影響する医療者側（医師・看護師）の要因はあるか？
3. 財政的・経済的要因はあるか？
4. 宗教的・文化的要因はあるか？
5. 守秘義務を制限する要因はあるか？
6. 資源配分の問題はあるか？
7. 治療に関する決定に法律はどのように影響するか？
8. 臨床研究や教育は関係しているか？
9. 医療者や施設側で利害対立はあるか？

出典　Jonsen 他（2006）p.13

図2　Jonsenの臨床倫理検討シート（4分割表）

②周囲の状況

　家族等はどう考えているか。選択にあたって影響する家族等の要因，医療・ケアチームの要因はあるか。経済的状況，宗教・文化的要因などの情報を整理する。

③医学的適応

　本人の医学的問題は何か。治療は可能か。治療の目標は何か。治療の成功する確率はどの程度か。治療がうまくいかない場合の計画はあるか。本人はこの医療によってどの程度のメリットがあるのか，どのようにデメリットを減らせるか，などの情報を整理する。

④QOL

　治療した場合，またはしなかった場合に，通常の生活に復帰できる見込みはどの程度か。治療が成功した場合，患者が失うものは何か。医療従事者が本人のQOL評価に偏見を抱かせる要因はあるか。延命措置が望ましくないと判断されるかもしれない状況か。治療をやめる計画やその理論的根拠があるか。緩和ケアの計画があるか，などの情報を整理する。

7）意思決定支援における留意点
(1) 本人の意思と本人の発言は必ずしも同一ではない

　本人の意思と本人の発言は必ずしも同一でないことを意識する必要がある。対話の中で本人の「本当の気持ち」を探ることもACPの重要な目的の一つである。「死にたい」「放っておいてくれ」という発言の裏に，「助けてくれ」というメッセージが隠れていることはよく経験される。本人の表現形を知ることも大切である。

　うつ状態の場合，適切な選択ができない可能性がある。またアルコールや薬物などの影響を考慮する必要がある場合もある。意思表示ができる能力があっても，周囲への遠慮や諦めから，本当の気持ちを口にでき

ない状況も生じ得る。本人が本当の気持ちに気付ける，本当の気持ちを伝えられる条件を整える必要がある。

（2）意思はあるが表出が困難なケースがある

　前述の通り，意思はあるが表出が困難なケースについては特に配慮が必要である。判断力がない，意思疎通ができないとされているケースの中に，本人の意思が明確なケースが少なからず存在する。

　特に認知症の人の場合，記憶力の低下から，過去や現在の状況に合理的な判断ができていないと思われることが生じると判断力がないとされることが多いが，選好（好き嫌いなど）を表出できるのであれば，本人の価値観や選好は保たれていると考えるべきである。

　以下の点に注意することで，認知症の人であっても，本人の意向を引き出すことは難しくない。

●ゆっくり落ち着いて対話できる時間を確保する。

　特に認知症の人は判断や返答に時間がかかる（当事者の言葉を借りれば「言葉を探している」）。

　問いかけて10秒返信がないからといって判断ができないと考えるべきではない。また近時記憶障害の強い場合は，判断のために必要な情報を直前に改めて提供するなどの工夫が必要になることもある。

●対話に必要な道具や専門家を確保する。

　当然のことながら，発語できないことと意思がないことは同義ではない。神経難病などの場合，コミュニケーションのために意思伝達装置や専門家が必要になることがある。認知症の人は対話の相手を選んでいることもある。

●対話に最適なタイミングを確保する。

　レビー小体型認知症やパーキンソン病のように，意識レベルに大きな波のある病気がある。またアルツハイマー型認知症の人は，コミュニケーションが容易な時と難しい時がある。最適なタイミングで対話を試みることが重要になる。

(3) 共同意思決定＝同調圧力になりやすい

　共同意思決定が，同調圧力になりがちな点も意識する必要がある。

　特にキーパーソンと呼ばれる人物が議論をリードし，その人が選択した結論に誘導したり，押し付けたりするケースも少なくない。医療介護専門職が適宜，対話をファシリテートしながら，本人が落ち着いて安心して本音を言える環境を確保できるよう留意する。

　また共同意思決定に関わる専門職自身も，自分自身の中にある「正義」や「模範解答」を本人や家族に無意識のうちに押し付けていることが少なからずある。専門職は，自分たちにそのような傾向が存在することを予め十分理解しておくこと，自分の考えを俯瞰的に捉えられるようにしておくことが重要である。

(4) 答えを出すことを目的化しない

　タイミングを見計らって「意識的・計画的な意思決定」を行う場合には，議論を意図的に収束させたり，単純化させたりしないように留意が必要である。大切なのは「決めること」ではなく「納得できる答えを一緒に探すこと」である。また，ACP（人生会議）の対話のプロセスそのものを援助することを意識する。結論を急がないこと，結論を出すことをあえて目指さないこともある。

4．在宅療養支援体制

　最期が近付くと身体面の機能低下が進み，病状は不安定となり，家族や介護専門職はこのまま在宅でケアを継続していてよいのか不安を感じることが多い。この時期の気持ちの揺らぎが在宅での看取りを困難にする要因であることは前述の通りである。

　心身の機能が低下していく患者を前に，家族や介護専門職が安心・納得してケアが継続できるよう，ケアマネジャーは介護サービスのみならず訪問看護・訪問診療の提供体制を確保し，医療専門職（在宅医・訪問

看護師）は病状経過の見通しを共有し，必要に応じて適切な緩和的医療を提供するとともに，家族や介護専門職に対するエンパワメントを行う。

1）支援体制の確保

　選択された療養方針に従って多職種による在宅療養支援を行う。

　人生の最終段階に移行しても，在宅での介護支援はこれまで通り継続される。介護の依存度は徐々に上昇していくが，介護依存度に応じた要介護度の認定が行われていれば，在宅介護の継続そのものは難しくない。状況の変化をケアマネジャーと都度共有しながら，必要に応じてサービス担当者会議を開催し，ケアプランの見直し等を適宜行う。

(1) 介護系在宅サービス（訪問介護・訪問入浴）

　在宅ケアの主力となるサービスは訪問介護である。

　介護専門職が定期的に患者の自宅を訪問し，患者を身体・生活の両面から支援する。特に人生が最終段階に近付いてくると，身体機能が低下し，食事や排泄，清潔などのケア依存度が高まっていく。それぞれの機能と本人の選好に応じて，その都度最適なケアの選択を考え，本人と家族にとって安心できる生活をサポートする。

　患者のライフスタイルや家族の介護力によっては，ギリギリまで通所介護や短期入所介護を使用することもある。また，近年では，訪問介護・通い・泊りがシームレスに提供される包括報酬型の小規模多機能型居宅介護，ここに訪問看護が加わる看護小規模多機能型居宅介護，定期的な訪問介護・看護に加え，必要時に24時間随時ケアが提供される定期巡回・随時対応型訪問介護看護などの地域密着型サービスが利用できる地域も増えてきている。これらのサービスは，家族介護力の不足をフレキシブルにカバーするとともに，地域資源と連携しながら，最後まで地域での生活の継続をサポートできる。

（2）訪問看護

　看護師・リハビリ専門職（理学療法士・作業療法士・言語聴覚士）が定期的に患者の自宅を訪問し，医療的処置も含め，患者を身体・生活の両面から支援する。医療機関と介護・福祉のブリッジングを担うとともに，家族や生活空間を含めた療養環境への働きかけも行う。また，訪問看護は定期的な訪問に加え，必要に応じて24時間対応する。在宅療養支援の中核的存在である。

　喀痰吸引や経管栄養の処置，カテーテル類の管理，在宅酸素療法の管理，インスリンの注射など，患者が日常的に必要とする医療行為について，医師の指示に基づいて行うことができる。

（3）訪問診療

　医師が定期的に自宅を訪問し，継続的・計画的な健康管理・疾病治療を行うとともに，必要時は24時間対応（電話診療・往診）を行う。訪問看護・訪問リハビリテーション・訪問管理栄養指導などの医療系専門職の訪問サービスは，医師の指示がなければ提供できない。また，自宅での死亡診断・死亡診断書の交付は，医師または歯科医師でなければ行うことができない。医師の往診は在宅看取りのためには必須である。

（4）食支援（訪問歯科診療・訪問口腔衛生指導・訪問管理栄養指導など）

　患者の多くは低栄養であり，口腔機能低下を伴う。これらはサルコペニアの要因となり，肺炎や骨折などの脆弱性疾患の原因となる。また，食べられる口を維持することは，本人のQOLの面で重要であることは言うまでもない。必要に応じて歯科医師・歯科衛生士・管理栄養士などが介入できるようにしておく。

　ただし，これらの専門職が確保できない地域もある。このような場合，それ以外の職種（看護師・リハビリ専門職）などが代替できるよう，チーム全体の役割分担の中で患者のニーズに応えられるようにしておく。

2）病状経過の見通しの共有

　終末期に近付くと，心身の機能は徐々に低下してくる。その要因が老衰なのか，臓器障害なのかによって経過は大きく異なる（図3）。一般に3つまたは4つのパターンに分類されることが多い（Lunney, Lynn and Hogan, 2002）。在宅医療は，人生の最終段階における心身の機能低下に応じた医療を提供していくことになる。

（1）老衰・認知症

　一般的には穏やかに経過をしていく。若年性アルツハイマー病など，認知機能の低下が身体機能に先行して急速に進む場合を除き，病状経過の見通しが立てやすく，緩やかに進んでいくことから，家族の気持ちの準備も，ケア体制の整備も比較的容易である。

（2）悪性腫瘍

　悪性腫瘍の患者は，最後の1～2ヵ月で急速に身体機能が低下していく。自宅で最期を過ごしたいと考えるのであれば，そのタイミングを見越して気持ちと環境の両面で準備をしておく必要がある。通院できなくなってから，在宅医療・ケアの提供体制を確保しようと思っても間に合

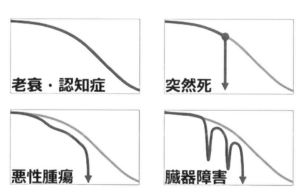

出典　Lunney, Lynn and Hogan（2002）より，
"Proposed Trajectories of Dying" を著者改変

図3　人生の最終段階の経過　4つのパターン

わない。特に最終段階では、7割の患者が疼痛を経験し、呼吸苦や倦怠感などの症状を伴うことも少なくない。医療的な緩和ケアが必要なケースが多く、予め24時間対応の訪問看護・訪問診療の提供体制については確保しておくことが望ましい。ただし、要介護高齢者の場合には、この経過に老衰が重なる。老衰が加速するような形で認識されることもある。

(3) 臓器障害

　心不全・呼吸不全が代表的だが、高齢者の場合には、やはりここに老衰が重なり、老衰が加速するような形で認識されることが多い。高齢者の心不全は、若年層の心不全とは異なり、多臓器の機能低下の一環として認識される。うっ血性心不全に対するカテコラミン投与やモルヒネによる呼吸苦の緩和などが必要なケースは少ない。在宅酸素療法が必要なケースがほとんどで、間質性肺炎やCOPDなどの慢性呼吸不全については呼吸苦に対する医療的な緩和ケアが必要なことが多く、24時間体制の訪問看護・訪問診療の提供体制が必要である。

(4) 突然死

　特に要介護高齢者の場合、心肺停止した状態で発見されることは稀ならずある。要介護状態で複数の基礎疾患がある場合などは、心肺停止で発見された場合、救命措置を行っても回復できる可能性はほとんどない。また、心拍が再開したとしても、意識の回復までは期待できない。
　家族に対しては、在宅医療が入るタイミングで可能性については伝えるようにしておく。心肺停止した状態で発見された場合には、在宅医をコールするようチーム全体で共有しておく。救急要請した場合、搬送されず、警察が介在することになる。状況によっては、警察から在宅医側に対応要請が来ることもあるが、死体検案に回されることもある。もちろん事件性が否定できない場合（遺体に異状を認める場合）には、在宅医から所轄警察署に届出を行うことになる。

（5）在宅での死亡診断書の作成について

　24時間以内に医師が診察をしていなければ自宅や施設では死亡診断できないと誤解されていることが多いが，24時間以内に診察が行われていなくても，診療中の患者が，生前に診療していた傷病に関連して死亡したと認められる場合には，在宅で医師の診察に基づく死亡診断は可能である。なお，24時間以内に診察が行われていれば，改めて死後診察をしなくても死亡診断書を発行できるとされている。

3）家族・介護職に対するエンパワメント

　人生が最終段階に近付くと，心身の機能は低下していく。身体機能が低下しベッドから起き上がることが難しくなる。食事量や飲水量も減少していく。コミュニケーションが困難になっていき，覚醒している時間が短くなっていく。そして呼吸停止に至る。

　この経過を治療対象と考えるのか，老衰または疾患の最終像と考えるのか，意思決定支援・臨床倫理の考え方が重要であることは前述した通りであるが，後者として受容できた場合においても，身体機能が低下していくプロセスを見守ることは，家族や介護専門職にとっては不安が大きい。

　多くの家族や介護職は，病状が不安定になる・最期が近付く＝医療依存度が高くなる，と考えている。もちろん疼痛やせん妄などに対する緩和的な医療は必要だが，「治療」としての医療は人生が最期に近付けば近付くほどその必要性は低下し，治療によって延伸し得るその人の生命予後も短くなっていく。すなわち医療依存度は低下していく。

　一方，最期に近付くにつれて，徐々に失われていく心身の機能を補完し，その時々の機能に応じた最適な療養環境の調整を行う必要がある。つまりケアへの依存度は上昇していく（図4）。家族や介護専門職の負担は少しずつ大きくなっていく。

　日に日に弱っていく患者本人を前に，家族や介護専門職が，このまま在宅で看取るという選択に納得し，最期まで迷いなくケアを継続できる

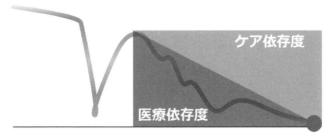

図4　人生の最終段階における医療依存度とケア依存度のイメージ

よう，医療専門職によるエンパワメントが重要である。経過の見通しとそれに伴う身体的な変化について，家族や介護専門職が理解できる形でできるだけ丁寧に説明するとともに，不安があれば24時間いつでも連絡できること，必要があれば緊急で対応できることなどを伝える。

5．家族の関わり

　家族の関わりはケアにおいては非常に重要である。しかし，在宅療養支援や意思決定支援，最終的な療養方針の決定のプロセスを複雑化する要因にもなり得る。近年は在宅で利用できる医療・介護サービスが充実し，家族介護がなくとも最期まで生活を継続することは不可能ではない。独居で家族の関わりの希薄なほうが自身の意向が尊重されやすいという現象も生じている。

　特に認知症の人に対しては，家族の本人への態度がケアを困難にする要因になり得る。家族は本人（両親や祖父母）の元気だった頃のイメージと，認知症となった本人のイメージのギャップに苦しむ。できていたことができなくなっていくことへの苛立ちを本人にぶつける。記憶が失われた本人にとっては，そのような家族の存在が恐怖や怒りの対象となり，BPSD（行動心理症状）を増悪させる。それが家族との関係性をさらに悪化させるという悪循環に陥ることがある。家族が認知症を正しく理解することが前提として重要だが，頭で理解できても，心から受容す

ることは容易ではない。このような状況が避けられない場合は，地域密着型サービスを活用するなど，家族のケアへの関わりを軽減する工夫が必要になる。

　本人の意思表示能力は経過と共に少しずつ弱っていく。そのような状況において，本人の意向を無視した判断が家族によって行われることもある。家族が本人の意向に反する重大な決断を一方的に下すことは倫理的に望ましくない。しかし，在宅での療養生活は家族との生活でもある。家族がそれを受け入れられないと判断するのであれば，その判断を受容せざるを得ない。最期が近くなってから救急搬送や入院となるケースは少なくないが，このような状況が生じないよう，専門職は，家族と共に意思決定支援のプロセスを丁寧に重ねていくこと，そして家族に過度の身体的・精神的負担がかからないよう留意することが重要になる。

　上手にケアができる介護に熱心な家族には助けられることも多い。必要な介護サービスが確保できず，家族にケアへの積極的参加を求める場合もある。しかし，介護疲労からバーンアウトして共倒れになってしまうケース，家族が自身の生活との両立ができなくなり離職や退学を強いられてしまうケースも少なくない。特に介護者と被介護者が１：１の関係にある場合，看取りなどで介護生活が終了した後，家族が日常生活を取り戻すことが困難になるケースも経験する。このような場合，家族の介護が終わった後の生活も視野に入れつつ，自身の生活との両立ができるよう専門職による適度な「ブレーキ」が必要になる。

　本人の意向や病状の特性を十分に理解・受容できており，最適なケアを実践でき，かつ自分の生活と家族のケアを両立できる人は多くはない。この場合，専門職は家族のケアへの関わりに介入する必要がある。

　本人と家族は生活を共有する関係にあるが，それぞれが独立した個人でもある。本人の意向を尊重しつつ，家族の暮らしも大切にする。どちらか片方を犠牲にすることがないよう，専門職にはバランスのとれた関わりが求められる。

参考文献

Jonsen AR 他著, 赤林朗 他 監訳（2006）『臨床倫理学第5版』新興医学出版社

Lunney J, Lynn J and Hogan C（2002）"Profiles of Older Medicare Decedents," *Journal of the American Geriatrics Society.* 50：1108-1112. doi:10.1046/j.1532-5415.2002.50268.x

東京都福祉保健局・東京都観察医務院（n.d.）「東京都監察医務院で取り扱った自宅住居で亡くなった単身世帯の者の統計（平成27年)」

内閣府（2013）『平成25年版　高齢社会白書（全体版)』

第4章

救急医療における対応

伊藤 香

帝京大学医学部外科学講座 Acute Care Surgery 部門 病院准教授

1．はじめに

　高齢化社会が進むにつれ，救急搬送される患者の背景も異なりつつある。すなわち，元々様々な慢性重症疾患を併存していたり，純粋に高年齢で虚弱となり人生の最終段階にある高齢者が，急性な状態悪化で救急受診することが増加した。そういった患者層は必ずしも根治的な治療を求めて救急受診しているとは限らず，患者が疾患の軌跡のどこに位置しているかによって，患者の価値観や選好を反映させた治療の選択をする必要がある（Ito *et al.*, 2022a；Ouchi *et al.*, 2020）。しかしながら，2017年の厚生労働省による調査では，ACP（Advance Care Planning）を行ったことのある国民は3％に過ぎず（厚労省, 2018），救急の現場では，治療の選好に関して意思表示をしていない患者が数多く搬送されてくることになる。そのため，救急・集中治療医は，救急車

で搬送され，救急室や集中治療室に入室する患者や家族と，治療方針に関して緊急で話し合う，いわば"緊急ACP"を行う必要がある（伊藤・大内，2022）。2021年に公益財団法人日本ホスピス・緩和ケア研究振興財団の事業の一環として行われた，日本全国の集中治療専門医研修医施設として認定されている873施設の代表者を対象とした「救急・集中治療領域における緩和ケア提供の実態調査」（有効回答数436名，回答率50％）において，患者や家族との治療方針に関する話し合いの状況を調査したところ，事前指示の有無を必ず確認する：20％，ACPの有無について必ず確認する：16％，患者本人の推定意思について必ず話す：42％，家族の意思について必ず話す：55％，差し控え・中止について必ず話す：42％という結果だった。当結果から，本邦の救急・集中治療の現場における，患者の事前指示，ACP，推定意思の確認の実施頻度は改善の余地があると思われた（Tanaka *et al.*, 2022）。

　さらに同調査では，集中治療差し控え・中止決定後の症状緩和や人工呼吸器終了後の緩和ケアに関するプロトコールがあると回答したのは10％に過ぎなかった（Igarashi *et al.*, 2022）。差し控え・中止決定後のプロトコールの普及が低水準であるということは，一度，挿管・人工呼吸器管理などの根治的な集中治療を含めた治療が開始されると，止めることが難しいという施設が多いということでもあり，救急・集中治療医が，患者が搬送されてきた場面で「この患者を挿管したら，抜管できなくなり，単なる延命治療になってしまうのではないか」と，葛藤してしまうことに繋がる。このことは，患者の選好を反映した治療方針決定のための障壁になっている可能性がある。いずれにせよ，救急集中治療室での意思決定のプロセスが不十分であれば，患者も家族も望まない終末期医療に繋がったり，救命可能な患者の治療が適切に行われない可能性があり，緊急時のACPは日本の救急・集中治療の現場での重要な課題であると思われる。

２．救急・集中治療領域における医療者の
コミュニケーションスキルトレーニング

　このような状況の中，救急・集中治療医が"緊急ACP"を行うための
コミュニケーションスキルトレーニングの重要性が注目されている。
2008年に米国集中治療学会が発行した集中治療終末期医療に関する提
言では，医療者側と患者家族側両方にとって，精神的ストレスを軽減し，
満足のいく治療方針の決定のための話し合いを行うために，集中治療に
携わる医療従事者がコミュニケーションスキルのトレーニングを受ける
ことが推奨された（Truog *et al.*, 2008）。さらに同学会が2017年に
出版したガイドラインにても，コミュニケーションスキルトレーニング
が集中治療医療従事者の自己効力感や患者家族の満足感を改善させるた
め，支持された（Davidson *et al.*, 2017）。

　米国では，救急・集中治療医療従事者向けのコミュニケーションスキ
ルトレーニングがいくつか存在する。本稿では，筆者が米国で外科集中
治療フェローだった時に履修したコミュニケーションスキルトレーニン
グコース"Vital Talk"が提唱する，集中治療室における悪いニュース
の伝え方を含む，"緊急ACP"に役立つスキルに関して紹介する（伊藤・
大内，2022；Vital Talk, 2022）。

　Vital Talk は，Anthony Back らにより約20年前に開発された，医
療者のためのコミュニケーションスキルトレーニングプログラムであ
る。Vital Talk では「何が一番大事なのかを巧みに話し合える医師に
よるケアが，全ての重病患者に届くような世界を作ること」をビジョン
に掲げ，元々はがん患者との会話に役立つコミュニケーションスキルト
レーニングのためのOnco Talkというプログラムだったが，改良を重
ね，全医療者を対象としたVital Talkに発展した。様々な専門分野に
特化したバージョンも生まれた。トレーニングコースはスライドによる
講義と，模擬患者とのロールプレイからなり，スモールグループで即時

にフィードバックをする形式で行う。筆者は，2019年に米国でVital Talkトレーニングを受講し，指導者資格を持つ日本人医師らと共にトレーニングコースを開催してきた。日本人受講者を対象とした調査では，トレーニングに使用されるシナリオや教育方法は日本人にも適していると評価され（Onishi *et al.*, 2021a；2021b），受講生の満足度，治療方針決定のための話し合いを行うための自信は，受講後に有意に改善した（Ito *et al.*, 2022b）。

3. "緊急ACP"に役立つコミュニケーションスキル

Vital Talkの提唱する主なコミュニケーションスキルに，「悪い知らせ」を伝える時のロードマップ「SPIKES」，感情に対応する「NURSE」，治療方針決定のためのロードマップ「REMAP」がある。

1）「SPIKES（<u>S</u>etup / <u>P</u>erception / <u>I</u>nvitation / <u>K</u>nowledge / <u>E</u>motion / <u>S</u>ummarize）」（悪い知らせを話し合う時のロードマップ）

<u>S</u>etup（会話に備える）：話し合いを始める前に以下に示すような，必要とする情報（電子カルテの情報，検査結果などの臨床情報），人（家族のメンバーや，関わっている他の医療チームやかかりつけ医など），場所（プライバシーの保たれる面談室など）が揃っているかを確認する。

<u>P</u>erception（患者の理解を把握する）：話の本題に入る前に，患者が何をどのように理解しているか，患者がどんな気持ちでいるか，患者がどの程度の情報であれば理解できそうか，患者が何を期待しているかを確認し，医療者側と患者側の認識に違いがあるかどうかを事前に把握しておく。

<u>I</u>nvitation（本題に入る前に患者の許可を得る）：会話の本題に入る時に，「これから病状について説明させていただいてもよろしいですか？」と患者側の許可を得ることで，話し合いの流れを作る権限を患者に与え，これから話すのが「検査結果」なのか，「病状について」なのか，「今後の治療方針」なのか，を明示する。

<u>K</u>nowledge（簡単に分かりやすく伝える）：ここでは，Perceptionで相手の理解度や知りたがっている点などがすでに分かっているはずなので，それを念頭において，シンプルに情報を伝える。医学専門用語を使うことは極力避ける。悪い知らせを伝える場合，一番重要なことを，新聞の見出し（Headline）のように，短く簡潔な言葉で話す。Headlineを伝える前には，「残念ながら，あまり良い知らせではありません」といったような警告（Warning Shot）を出して，患者に心の準備をしてもらうと，ショックを多少なりとも和らげることができる。

<u>E</u>motion（患者の感情に対応する）：Headlineを伝えると，患者はショックを受けて感情的になるかも知れない。しかし，そのことで，話した医師側が，「相手を傷つけてしまったかも」と，うろたえる必要はない。それは，こちらが伝えたかったことが，相手に届いていたというサインである。後述するNURSEのスキルを使って，感情に対応しながら，次のステップに進めるタイミングを見計らう。

<u>S</u>ummarize（話し合った内容をまとめて今後の方針を一緒に決める）：話し合った内容をまとめたうえで，次の治療方針について説明をする。「これができなくなったら生きていても意味がない」とか，「こんなふうになったら，死んだ方がましだ」といった，患者の価値観を反映する重要な情報を引き出したうえで，方針を決めていく（後述するREMAPのスキルを参照）。また，患者を安心させたくて，「全て大丈夫ですよ」というような，楽観的なことを言うのも避けるべきである。現実に直面し

た時に，もっとつらい気持ちになってしまうからである。

2）「NURSE（Name / Understand / Respect / Support / Explore）」（感情に対応するスキル）

Name（感情を言葉で示す）：悪い知らせを伝えた後，患者の感情を想像し，例えば，「こんな話を聞いて，驚かれましたよね」とか，「つらいですよね」などと，患者の感情を言葉で表現し共感を示すことで，患者は，自分が感情の波の中にいることを認識し，理性的に認知反応をすることが可能となる。

Understand（理解を示す）：感情の波にのまれている患者に対して「○○さんがどれくらいつらい気持ちでいるか，こちらとしては本当に想像することしかできないのですが…」といったような声かけをすることで，患者も「この人は，私のことを分かって（分かろうとして）くれている」と感じ，心を開いてくれるきっかけになる。

Respect（敬意を示す）：悪い知らせを聞かされショックを受けている患者や家族に，例えば，「大変な状況の中，頑張ってこられたのですね」や，「これまでずっと○○さんの介護を一生懸命されてきたのですね」といった言葉がけで，患者側に敬意を示すことができる。

Support（支持を示す）：「医師として最善を尽くします」とか，「これからもできる限りのサポートします」といったような言葉をかけることで，つらい状況であっても，見捨てることなく，できることを一緒にやっていく，という姿勢を見せることができる。患者は少しでも救われたような気持ちになり，次のステップ（認知データ[注1]を理解する）へ進む準備をすることができる。

Explore（さらに掘り下げて聞く）：患者が感情的になって発した言葉を掘り下げて聞き，言葉の裏に隠された，真意を探る。例えば，患者が「なぜこんなことになってしまったんだ！」というような発言をしたら，「何を一番心配されていますか？」と聞くことによって，患者の心の内をさらに引き出すことができ，そこからその先，治療方針決定に必要となってくる，患者の背景や，価値観を知るきっかけを摑むことができる。

3）「REMAP（Reframe / Expect / Map / Align / Plan）」（治療方針決定のためのロードマップ）

Reframe the situation（状況の変化を伝える）：患者の状況が悪化している，という悪い知らせを伝えなくてはいけない時，前述したSPIKESとNURSEのスキルを組み合わせて話を進める。患者側の理解や受け入れの程度（"Perception"）を確かめるために，「尋ねる」→「話してもらう」→「また尋ねる」（"Ask-tell-ask"）という手法が役に立つ。"Perception"を確かめたら，"Invitation"を出して，こちらから話を切り出しても良いか，患者や家族から許可を得る。一番伝えなくてはいけないこと（"Headline"）はシンプルに伝え，患者の反応を観察する。

Expect emotion（感情に対応＝NURSE）：Headlineを伝えた後の患者の感情は，悪い知らせが届いた証拠である。患者が同じような質問を繰り返している場合，患者が感情の波にのまれて，うまく認知情報を処理できていない可能性がある。そんな時は，NURSEスキルを使って，感情に対応する。患者は感情の波が落ち着くにつれ，少しずつ，情報を理解できるようになる。

注1）患者が意識的な思考過程で理性的に理解するデータ（例：検査結果の医学的な内容を理解する）。

Map out important values（重要な価値観を掘り下げる）：患者の感情に十分対応したところで，治療方針を決めていくために一番重要な，患者の価値観を知るための会話へ移行する。このMap outのプロセスは最も大切であるものの，忙しい日常臨床では，ここが抜け落ちてしまうことが多い。"Invitation" を出して，会話を次の段階へ進めていく許可を得る。今回の病気になる前にその患者さんがどんな性格で，どんな生活をしていて，何が生きがいで，といったことを掘り下げていくことが，最終的に価値観の把握に繋がる。もし，患者本人が話せる状態でなく，家族と話している場合には，「ご主人はどんな方なんですか？」とか，「もしお父さんがこの話を聞いてご自身の状況を理解したら，なんて言うと思いますか？」などと尋ねることで，今，話している家族ではなく，あくまでも，「患者さんご本人がどう思うか」の推定意思を引き出すことができる。

Align with the patient & family（患者の価値観に基づいた治療の方向性を確認する）：患者の価値観を十分Map outすることができたら，価値観に沿った治療の方向性を検討する。「今のお話を伺って」と前置きをし，「あなたのお母さんは，元々とても自立心の高い方で，他人の世話になることを嫌がっていたということですね」とか，「趣味のドライブが生きがいで，それができなくなったら，生きていても意味がないと仰っていたのですね」というふうに，Map outで引き出された患者の価値観を要約して，こちらが正しく理解しているかどうかを，患者や家族に確認する。

Plan treatments to uphold values（具体的な治療計画）："Map out" と "Align" で患者本人の価値観を引き出し，ゴールを設定したら，具体的な治療計画を提示する。治療計画は，大まかに分けて３つのパターンに分けられる。１つ目は，根治的な治療を継続すること，２つ目は，根治的な治療を試してみるが，効果がなければ症状緩和をメインにした

治療に移行すること（time limited trial），3つ目は，根治的な治療は避けて，症状緩和をメインにした治療を行うことである。患者の価値観に見合った選好に合わせて，医学的にも妥当な方針を，こちらから提案する。ここでは，「××しますか？しませんか？」と尋ねるのではなく，「これまでお話を聞かせていただき，○○さんの価値観と現在の状況を照らし合わせると，△△を行うことをお勧めします。ただし，××は，○○さんの目指す治療のゴールにそぐわないので，行わないことにします」というふうに，医療のプロの医師として，最適と思われるものを勧め，最終的には患者・家族と共に決定していくshared decision makingのプロセスである。

4．コミュニケーションスキルを活用した会話例

　ここで，実際のVital Talkの研修会で行う模擬患者とのロールプレイを想定した，症例シナリオを基にした医師と患者家族の会話例を提示し，コミュニケーションスキルの観点からのフィードバックを示す。

【シナリオ】
【症例】80歳代男性
　自宅近所の路上に倒れているのを発見され，通行人が救急要請。救急隊到着時，心肺停止状態であった。心肺蘇生が開始され，近隣の救命センターへ搬送された。心肺蘇生開始から35分後に心拍が再開した。心拍再開後，血圧は安定したが，意識は昏睡状態のまま戻らず，対光反射・睫毛反射も消失したままだった。採血，心電図，心エコー，頭部CT，胸腹部CTでは心肺停止の原因は特定できなかった。集中治療室に入室し，人工呼吸器管理と体温管理療法を施行するも，72時間後になっても意識は回復しなかった。頭部CTと脳波検査を施行したところ，低酸素性脳症による遷延性意識障害と診断された。
　既往歴は30年以上前に胃がんに対し胃切除（再発なし）のみで，か

かりつけ医はいない。元々妻と2人暮らしだったが，妻は5年前に他界し，それ以来，一人暮らしだった。子供が3人おり（長男，次男，長女），それぞれ独立して家庭を持っている。40歳代の長女は患者と同じ町内に住んでおり，定期的に患者の様子を見にいき，身の回りのことを手伝っていた。キーパーソンは市内に住む50歳代の長男。

入院1週間後，患者の循環動態は安定していたが，意識は戻らず，呼吸は人工呼吸器に依存していた。脳波と脳CTを再検したが，脳浮腫は進行しており，神経学的予後は極めて不良であると考えられた。

担当医は家族に病状を説明し，今後の治療方針について話し合うこととなった。

【よくある会話例】
（患者家族の待つ面談室へ医師が入る）

医師「失礼します。○○さんのご家族ですね。担当医のｘｘです。これから病状説明をさせていただきます」

長男「よろしくお願いします」

医師「○○さんがご入院された時に説明させていただきましたが，窒息で心肺停止となって，蘇生処置により心拍は再開しましたが，意識が戻らない状態が続いています。入院3日目に一度，頭部CTと脳波検査をさせていただいたのですが，その時の所見では，低酸素性脳症という，心停止時に脳に十分な血が廻らなかったことで生じる障害が出ている可能性がありました。今日でちょうど，入院されて1週間経過しましたが，意識状態に改善がないので，再度，頭部CTと脳波検査をさせていただきました。残念ながら，それらの検査結果では，脳の状態に改善は見られておらず，このままですと，いわゆる植物状態になってしまうと思われます」

長男「植物状態，ですか。それは，具体的に，どういうことなんでしょうか？」

医師「意識がない状態ですが，体の他の部分は正常に機能している状況です。現在，人工呼吸器に繋がれている状態です。自発呼吸は弱いですが完全になくなっているわけではないので，いずれ，人工呼吸器から離脱できるかもしれませんが，意識がないため誤嚥のリスクが高く，気道保護の目的で気管切開をする必要があります。栄養に関しても，経管栄養を継続していくために，現在の経鼻胃管からいずれ胃瘻などに切り替えていく必要もあるでしょう」

長男「ええと，もう，父の意識が戻ってくるための，治療の手立てはないのでしょうか？」

医師「意識に関しては，これまでの経過や検査の結果からは，これ以上良くなることは望めないと思われ，人工呼吸器管理や経管栄養管理も長期化すると思われます。気管切開をして胃瘻を造設したら，急性期の治療は一段落したと考えられますので，その後は，長期療養できる病院へ転院することになります」

長男「これから先，ずっと，このような状態のままなのでしょうか？」

医師「先ほども申し上げましたが，意識に関しては，残念ですが，元に戻ることはないでしょう。療養型の病院で，気管切開の管理や胃瘻からの経腸栄養を続けて，ベッド上でできるリハビリなどの治療を継続することとなります。気管切開の同意書をいただきたいのですが，よろしいでしょうか？（気管切開の同意書を差し出す）」

長男「…そうですか。そうするしかないということなのですね。よろしくお願いします」

＜会話へのフィードバック＞
　上記の医師と患者家族の会話は，集中治療室ではよくある会話かも知れないが，長男は釈然としない様子である。今の会話の問題点を，Vital Talkのコミュニケーションスキルの観点から以下に解説する。

（以下，フィードバック）

医師「失礼します。○○さんのご家族ですね。担当医のｘｘです。これから病状説明をさせていただきます」

－解説：この重要な会話を始めるに当たり，話をすべきメンバーが長男だけでよいか，確認せずに話し始めている（"Set up"が不十分）。また，話し始める前に"Invitation"を出すことなく，医師のペースで話を進めようとしている。

長男「よろしくお願いします」

医師「○○さんがご入院された時に説明させていただきましたが，窒息で心肺停止となって，蘇生処置により心拍は再開しましたが，意識が戻らない状態が続いています。入院3日目に一度，頭部CTと脳波検査をさせていただいたのですが，その時の所見では，低酸素性脳症という，心停止時に脳に十分な血が廻らなかったことで生じる障害が出ている可能性がありました。今日でちょうど，入院されて1週間経過しましたが，意識状態に改善がないので，再度，頭部CTと脳波検査をさせていただきました。残念ながら，それらの検査結果では，脳の状態に改善は見られておらず，このままですと，いわゆる植物状態になってしまうと思われます」

－解説：長男がどれくらいこれまでの病状の経過を理解しているか（"Perception"）を確認せずに医療情報を矢継ぎ早に話している。"Knowledge"として伝える医療情報も，専門用語が多い印象で，患者が低酸素性脳症のために神経学的予後が極めて不良であるという深刻な"Headline"がぼやけてしまっている。

長男「植物状態，ですか。それは，具体的に，どういうことなんでしょうか？」

－解説：長男はなんとか「植物状態」という言葉は捉えたようだが，その意味するところを理解している様子ではなく，"Headline"が

94

十分に伝わっていない。

医師「意識がない状態ですが，体の他の部分は正常に機能している状況です。現在，人工呼吸器に繋がれている状態です。自発呼吸は弱いですが完全になくなっているわけではないので，いずれ，人工呼吸器から離脱できるかもしれませんが，意識がないため誤嚥のリスクが高く，気道保護の目的で気管切開をする必要があります。栄養に関しても，経管栄養を継続していくために，現在の経鼻胃管からいずれ胃瘻などに切り替えていく必要もあるでしょう」

長男「ええと，もう，父の意識が戻ってくるための，治療の手立てはないのでしょうか？」

－解説：医師が「植物状態」と聞かされて戸惑っている長男の感情（Emotion）に対応しないまま，今後の方針に関わる重要な医療情報を一方的に話している（"NURSE"スキルの不足）ため，長男は医師の説明が十分頭に入っていないまま，似たような質問を繰り返している。

医師「意識に関しては，これまでの経過や検査の結果からは，これ以上良くなることは望めないと思われ，人工呼吸器管理や経管栄養管理も長期化すると思われます。気管切開をして胃瘻を造設したら，急性期の治療は一段落したと考えられますので，その後は，長期療養できる病院へ転院することになります」

長男「これから先，ずっと，このような状態のままなのでしょうか？」

－解説：長男は再度，同じような質問を繰り返している。これは，長男が感情の波にのまれていて，十分に医療情報を認知できていないというサインである。そのような中，医師は，患者や家族の価値観や意向を確認することなく，治療の選択肢を示すこともなく，一方的に話を進めている（"Map out"や"Align"をすることなく，"Plan"に進んでいる）。

医師「先ほども申し上げましたが，意識に関しては，残念ですが，元に戻ることはないでしょう。療養型の病院で，気管切開の管理や

胃瘻からの経腸栄養を続けて，ベッド上でできるリハビリなどの治療を継続することとなります。気管切開の同意書をいただきたいのですが，よろしいでしょうか？（気管切開の同意書を差し出す）」

長男「…そうですか。そうするしかないということなのですね。よろしくお願いします」

−解説：医師は最後の最後まで長男の感情データに気付くことなく，認知情報を詰め込み，長男に治療の選択肢を示すこともないまま，気管切開の同意書にサインをさせている。

【Vital Talk のスキルを使った会話例と解説】

医師「失礼します。○○さんのご長男さんですね。担当医の x x です。今日は，ちょうど○○さんがご入院されて 1 週間になりますね。毎日のようにお見舞いに来られて，お疲れではないですか？

−解説：ここから，REMAPのフレームワークに沿って，まず，患者の状況の変化を伝えていく（Reframe）。そのためには，まず，SPIKES/NURSEを駆使して話の導入とする。ここでは，自己紹介しつつ，患者の看病をしている家族に労う言葉をかけている（NURSEスキルのSupportやRespect）。

長男「お気遣いありがとうございます…。今，父と面会してきました。声をかけてみたりもしましたが，全く反応もなくて…」

医師「ご入院の時にお父様の状況に関してお話しさせていただきましたが，その後，他のスタッフから，今日までの間に，お父様の病状について説明はありましたか？　今のお父様の状況をご長男さんがどのように理解されているか，ご長男さんの言葉で教えていただいてもよろしいでしょうか？」

−解説：まず，長男の理解"Perception"を確かめている。

長男「はい。父は 1 週間前に外で倒れているところを発見されて，その時，心肺停止の状態でしたが，この病院へ運び込まれて，蘇生

処置をしていただいて，心臓の動きは戻ったけれども，意識が戻らない状態でした。心臓が一度止まってしまったことで，脳に血流がめぐらなかったことで，脳に障害が起きている可能性があると聞いています。入院して3日目の時にCTと脳波の検査をしていただいて，その時に，脳にはかなり障害がありそうだと聞いておりましたが，その段階では，これから良くなるかも知れないから，もう少し様子を見ましょう，と言われました。その後も，私や私の妻が交代で面会に来るようにしていましたが，今日もまだ意識は戻っていないようですね…。今日は，頭のCTと脳波の検査の結果と，これから先のことを聞くために伺いました」

医師「ありがとうございます。この1週間，お父様の看病でご家族もとても大変だったと思います。今日はこれから，検査の結果と，今後の方針に関してお話しさせていただきたいのですが，よろしいでしょうか？　少し厳しいお話になります。ご長男さんの他に，一緒にお話を聞いた方がよい方はいらっしゃいますか？」

−解説：会話を始める*Invitation*として，これから「悪い知らせ」を伝える警告*"warning shot"*（この場合，*"少し厳しい話になります"*という前置き）を出して，長男に心の準備をさせている。さらに，他に一緒に話を聞いた方がよい人物がいるかの*Set up*も確認している。

長男「今日は私の妻も他の用事があって来れなかったですし，私の弟と妹もいますが，今日は声をかけてはいませんでしたので，私だけで構いません。やはり，父の状態はあまり，良くないんでしょうか」

医師「今から，順番にお話しさせていただきますね。まず，検査の結果なのですが，先ほどお話しさせていただいた通り，心肺蘇生後も意識が戻らない状況が本日まで続いているので，本日，再度，頭部CTと脳波検査をさせていただきました。結果としては，頭部CTも脳波検査の所見も悪化していました。お父様の脳のダ

メージはかなり深刻で，この先，意識が戻る見込みはなく，いわ
ゆる，植物状態になっています」

－解説：今回の病状説明で伝えなくてはいけない「悪い知らせ」をシ
ンプルな"Headline"として，「事実（検査結果が悪化している）」
と「その意味（意識が戻る見込みがない，植物状態になっている）」
に分けて伝えている。

長男「植物状態って，そんな…。このまま，目が覚めないってことで
すか？　ずっと元気だったんですよ。倒れた日だって，一人で近
所のスーパーに買い物にいく途中だったんですよ。今だって，た
だ寝ているだけみたいなのに…。このまま目が覚めないなんて，
信じられません！」

－解説：「悪い知らせ」を伝えられて，長男が感情的になっているが，
これは，"Headline"が長男の心に届いた証拠である。医師は，こ
の後，この感情の波にNURSEスキルを使って対応する必要があ
る。

医師「こんなことをいきなり言われて，ショックですよね…。私たち
も，お父様の意識が戻ってくれればどんなに良いかと思って，全
力で診療してきたのですが…。残念です」

－解説：感情に名前を付ける（NURSEスキルの"Name"），I wish
statement（私たちも○○だったらどんなに良いかと思います。
NURSEスキルの"Support"）など，複数のNURSEスキルを重
ねている（NURSE bomb）。

長男「すみません…。父が年老いてきてるのは分かってたんですが，
本当にいつも元気だったんで，まさか，こんなふうになるなんて
思ってなかったんで…」

医師「とてもお元気な方だったんですね…。私もご長男さんの立場
だったら，きっと同じように感じると思います」

－解説：丁寧に感情に対応していくことで，長男の感情の波が下がっ
てきている。さらに，NURSEスキル（ここでは，患者に尊敬を示

す "Respect" と，共感を示す "Understand"）を重ねて，長男
がさらに落ち着いて話を聞けるように配慮している。

長男「具体的に，植物状態っていうのは，どういうことなんでしょう
　　か？　父はこの先どうなっていくんでしょうか？」

−解説：長男の感情は落ち着き，長男の方から次の話へ進むことを尋
　　ねてきている。長男に話を聞く準備ができたことを示しているた
　　め，医師は，認知データとして植物状態の病態に関しての詳しい説
　　明へと話を進めることができる。

医師「脳の機能が大幅に障害されていて，意識が戻らない状態ですが，
　　体の他の機能は，人工呼吸器による補助や人工栄養を継続すれば
　　保たれている状態です。このような状況で，この先お父様にとっ
　　てベストとなる方針について一緒に考えさせていただきたいと思
　　います。そのために，お父様ご自身のことを知るために，お父様
　　がお元気な時にどんな方だったのか，詳しくお聞きしてもよろし
　　いでしょうか？」

−解説：長男に聞く準備ができたところで，まず，患者本人の価値観
　　を探るために "Map out" を始めるための Invitation を出している。

長男「はい」

医師「まず，お伺いしたいのですが，これまで，お父様とご長男さん
　　や他のご家族の間で，こんなふうにとても具合が悪くなってし
　　まった時に，どうしたいか，話し合われたことはありますか？」

−解説："Map out" の序盤として，元々 ACP を行ったことがある
　　かどうかを確認している。

長男「こんなことになるなんて思ってもいなかったので，私と父の間
　　でそういう話はしたことはなかったですね」

医師「そうでしたか。お父様は一人暮らしをされていたようですが，
　　一人になられてからどれくらいになるのですか？」

長男「母が 5 年前に他界して，その時からですね」

医師「お母様が 5 年前にお亡くなりになっていたのですね…。その時

のことを，少し詳しく伺ってもよろしいですか？」

—解説："Map out" の一環として，患者の生活歴から，患者の死生
観などに繋がる情報を摑めそうなエピソードを探っている。

長男「はい。母は元々心臓が悪くて，入退院を繰り返していたのです
　　が，結局最後は呼吸状態も悪くなって，人工呼吸器に繋がれて，
　　それでも良くならなくて，そのまま病院で亡くなりました」

医師「それはとても大変な闘病生活だったのでしょうね」

—解説：長男が患者の価値観に迫れそうな重要な情報を出し始めた。
重要な情報を共有してくれようとしている長男に対し，NURSEス
キル "Respect" で対応している。

長男「そうですね…。母がしょっちゅう入院してたんで，その度に父
　　は懸命に母の看病をしてました。私は仕事も忙しかったんで，あ
　　まり見舞いにもいけなかったんですが，私の妹が比較的近くに住
　　んでたんで，母の見舞いや父の身の回りのことなんかを手伝って
　　くれていました」

医師「家族皆さんで，助け合っていらっしゃったんですね。もし差し
　　支えなければ，お母様の最期の時，お父様がどのような様子だっ
　　たか，お話しいただけますか？」

—解説：重要な情報を共有する長男にさらに "Respect" で対応しつ
つ，"Map out" を重ねて，治療方針決定に繋がりそうな患者の価
値観に迫っていく。

長男「ええ…。母は心臓も呼吸も悪くなって，1ヵ月以上，人工呼吸
　　器に繋がっていました。すっかり衰弱して，気管切開がされて，
　　鼻の管から人工栄養を続けて，最後の数週間は意識もずっと朦朧
　　として…時々暴れるみたいで，抑制もされて…。父は，始めの方
　　は，母に少しでも長く生きてもらいたくて，どんなつらい治療で
　　も頑張るべきだ，諦めるべきじゃないって言ってたんですが，ど
　　んどん体に入れる管が増えていって，機械に繋がれたまま，話す
　　こともできないまま死んでいった母を見て，『つらい思いをさせ

てしまった』と，後悔していました。私たち兄弟の中で一番手伝っていた妹には，『自分の時には，こんなふうに，お前には苦労かけたくない』と言っていたそうです。その後は，子供たちの世話にはなりたくないと，一人暮らしを続けていました」

医師「そうだったのですね。とても大事なことをお話ししてくださり，ありがとうございました。奥様の最期のことを，ご家族にそのように話していらっしゃったんですね。お父様は，ご自分の奥様を最後までしっかり看病して，ご家族のことまで気遣っていらして，本当に立派な方ですね」

－解説：ここまでの"Map out"で，患者の死生観に関するとても重要な情報を引き出すことができた。患者の妻（長男の母）の死に際して困難な時間を乗り越えてきた家族にRespectを示している。

長男「まあ，生真面目な，昔気質の親父だったんです。私たちには弱いところを見せまいとしていましたが，母の時は，私から見ても，母も父も，とてもつらそうでした…」

医師「とてもしっかりされている方なんですね。もし，お父様がご自分の今の状況が分かったとしたら，どんなふうに思われるでしょうか？」

－解説：患者本人に対するRespectを重ねて示し，いよいよ本人の意向を直接探る"Map out"を始めている。

長男「そうですね…。まさか自分がこんなふうに意識もないまま機械に繋がれた状態になるなんて，思いもしなかったでしょうし…。母の時のようには，なりたくないと思っていると思います」

医師「今のような状況は，お父様が望むような状況ではないということですね…。これまでお話を聞かせていただいて，お父様がとても自立心が強くて，ご家族のことを大切に思っていらっしゃる方だということが分かりました。そして，奥様の最期の時は，機械に繋がれたまま亡くなっていった奥様の姿を見て，つらい思いをされたのですね。そのため，お母様の時のようにはなりたくない

と思っていらっしゃると推測されるのですね。それを踏まえたう
えで，お父様にとって，これからどのように過ごされるのが良い
か，私なりの考えをお伝えしてもよろしいですか？」

－*解説：ここまでの"Map out"で得られた情報を基に，患者の価*
値観と治療方針を"Align"させている。

長男「はい。お願いします」

医師「現在のお父様は，意識はありませんが，人工呼吸器や経管栄養
などを継続すれば，生命を維持できる状態です。この治療を継続
するのであれば，現在，喉に入っている挿管チューブを気管切開
に，鼻の管は胃瘻に切り替えて，長期療養できる病院か施設に転
院して，そこで最期の時まで診療を続けることができると思いま
す。ただ，そのやり方は，いわゆる"延命治療"というもので，
お父様が望むような姿ではないと思われます。現状で，お父様の
望むような回復が望めない状態であれば，単なる延命治療はお父
様にとっても，ご家族にとってもつらい時間を長引かせてしまう
だけになるでしょう。この先は，延命のための治療から，お父様
が如何に苦痛なく，お父様らしく最期までの時間を過ごせるかに
重点を置いた，緩和的な治療に移行するのはいかがでしょうか」

－*解説：患者の価値観を"Map out"し，それに適した治療の方向*
性を"Align"したうえで，治療方針"Plan"を提示している。こ
の時に，治療方針の選択肢を選ばせるのではなく（例えば，「気管
切開をしますか？　しませんか？」と尋ねるのではなく），医療者
として，患者にとって最善と思われる治療方針を示している。そ
れを最終的に受け入れるかどうかは，患者の家族に委ねられる，
"shared decision making"の手法である。

長男「そうですね。父は意識もないのに管に繋がれただけの延命は望
んでいないと思います」

＊＊＊＊＊＊＊＊＊＊＊＊＊＊＊＊＊＊＊＊＊＊＊＊＊＊＊＊
この先の治療方針は，各施設により，行える内容が異なるため，自身の
施設の現状に最も合うパターンを参照されたい。
＊＊＊＊＊＊＊＊＊＊＊＊＊＊＊＊＊＊＊＊＊＊＊＊＊＊＊＊

①治療差し控え（withhold）

　医師「これからは，症状緩和のための薬やケアを続けていきます。ただし，これ以上体に負担になるような治療を新たに行ったり，増やしていくことはしないようにします。人工呼吸器の設定や，今使っているお薬の量は下げることができれば下げますが，これ以上，上げることはしません。心停止となった時も，心肺蘇生はお体を痛めつけることになるので行いません」

②抜管以外の治療中止（withdraw）

　医師「これからは，症状をとるための治療だけを行います。自然な形で最期を迎えられるように，苦痛を緩和するためのお薬やケアは継続し，必要に応じて増やしてゆき，苦痛がないようにします。今使用している，血圧を上げる薬や，抗生物質や，点滴や人工栄養は全て終了します。心停止となった時は，心肺蘇生はお体を痛めつけることになるので行いません。今までの治療をやめた場合，その後，どのくらい永らえるかは，患者様のお体にしか分かりません。比較的短い時間でお亡くなりになる方もいれば，何日か，永らえる方もいます。いずれにせよ，最後の時間が来る時まで，患者様とご家族をサポートさせていただきます」

③抜管を含めた治療中止（withdraw）

　（抜管を含めた治療中止の方針を決定するまでのプロセスは，施設で定められた規定に則って行う。筆者所属施設では，抜管を行う場合は，患者・患者家族の意思確認の後，部署内多職種カンファレンスでの合意形成および病院の臨床倫理委員会の承認を得る必要がある。抜管に先立

ち，抜管後の緩和ケアや家族のグリーフケアに対し十分な準備を行う。患者の最期に立ち会いたい家族・親族・友人などと日程調整を行う必要もある）

　医師「ご本人のご意向に沿うことができるように，今使用している血圧を上げる薬や，抗生物質や，点滴や人工栄養は終了して，症状緩和のためのお薬だけを使用します。喉の管は抜き，人工呼吸器を終了します。呼吸苦などの症状があるようであれば，モルヒネなどの薬剤を十分使用します。喉の管を抜くと喘ぐような呼吸になることがありますが，それは，最期までご自身の力で呼吸しようとする，自然な姿です。人工呼吸器をやめた場合，その後，どのくらいでお亡くなりになるかは，患者様のお体にしか分かりません。いずれにせよ，最後の時間が来る時まで，患者様の症状に気を配り，ご家族の悲しみの気持ちをサポートさせていただきます。

＊＊＊＊＊＊＊＊＊＊＊＊＊＊＊＊＊＊＊＊＊＊＊＊＊＊＊＊
治療のゴールを提案した後は，患者家族の反応を確認するための会話を続ける。
＊＊＊＊＊＊＊＊＊＊＊＊＊＊＊＊＊＊＊＊＊＊＊＊＊＊＊＊

　医師「今お話しした方針はいかがでしょうか？」
　長男「そうですね…。父が最期まで苦しんだりすることがないようにしていただきたいです…。今の治療を止めることで，却って苦しい症状が出たりしないんでしょうか？」
　医師「症状をとるためのお薬やケアは最期まで継続していきます」
　長男「延命のための治療が終了になれば，すぐに亡くなってしまうのですか？」
　医師「そればかりは個人差があるので，患者様のお体にしか分かりませんが，一般的には，数時間以内にお亡くなりになることが多いです」

長男「そうなんですね…」

医師「とても大事な方針ですので，他のご家族の方のお考えも聞かれ
　　た方が良いと思います。身近で世話をされていた妹さんや，弟さ
　　んなどのご兄弟のお考えもあると思います。もし，お父様と付き
　　合いの深いご友人などいらっしゃれば，そういった方のお考えも
　　大切でしょう。一度持ち帰っていただき，ご家族たちとよく話し
　　合ってから決めていただくのはいかがでしょうか」

長男「そうですね。私一人では決められません。妹たちと話し合いた
　　いと思います」

－解説：集中治療終末期における意思決定は，患者の最期の在り方に
　直結する重要な内容となるため，患者を取り巻く家族や医療者で納
　得がいくまで話し合い，最終決定すべきである。そのため，話し合
　いが1回で済まないこともあるだろう。しかし，心にとめておかな
　いといけないことは，常に患者本人を中心にした，患者本人の意向
　を反映させた決定をすべきであるということである。それを実現さ
　せるために，医療者は最善を尽くすべきだろう。

5．まとめ

　救急・集中治療医に対するVital Talkのようなコミュニケーション
スキルトレーニングの手法は，患者の価値観を重視し，医師が患者に
とって最善のゴールを提示する手法（physician as a perfect agent）
であり，患者に情報を与えて選択させるだけの"informed consent"
とは一線を画する，真の患者中心の医療を目指した"shared decision
making"の手法であると言える。実際の患者や家族との対話では，常
に患者の価値観を引き出し，医療のプロとして，患者の価値観を最も反
映させたゴール設定をすることに心がけるべきである。超高齢化社会を
迎える日本の救急・集中治療の現場では，コミュニケーションスキルト
レーニングを受けた医療者が緊急時でもACPを行うことによって，本

当は患者も家族も望んでいない無益な延命治療を避けられる可能性があ
る。

参考文献

Davidson JE *et al.* (2017) "Guidelines for Family-Centered Care in the
Neonatal, Pediatric, and Adult ICU," *Critical Care Medicine.* 45 (1)：
103-128.

Igarashi Y *et al.* (2022) "Current Status of Palliative Care Delivery and
Self-reported Practice in ICUs in Japan: A Nationwide Cross-sectional
Survey of Physician Directors," *Journal of Intensive Care.* 10 (1)：18.

Ito K *et al.* (2022a) "Primary Palliative Care Recommendations for Critical
Care Clinicians, *Journal of Intensive Care.* 10 (1)：20.

Ito K *et al.* (2022b) "The Feasibility of Virtual VitalTalk Workshops
in Japanese: Can Faculty Members in the US Effectively Teach
Communication Skills Virtually to Learners in Japan?," *American
Journal of Hospice and Palliative Medicine.* 39 (7)：785-790.

Onishi E *et al.* (2021a) "Physicians' Perceptions and Suggestions for the
Adaptation of a US-Based Serious Illness Communication Training in a
Non-US Culture: A Qualitative Study," *Journal of Pain and Symptom
Management.* 62 (2)：400-409 e3.

Onishi E *et al.* (2021b) "Bringing VitalTalk to Japan-Assessing Clinicians'
Needs in Serious Illness Communication Skills Training and Adaptation,"
Igaku kyoiku. 52 (4)：345-347.

Ouchi K *et al.* (2020) "Managing Code Status Conversations for Seriously
Ill Older Adults in Respiratory Failure," *Annals of Emergency Medicine.*
76 (6)：751-756.

Tanaka Y *et al.* (2022) "Attitudes of Physicians toward Palliative Care in
Intensive Care Units: A Nationwide Cross-Sectional Survey in Japan,"
Journal of Pain and Symptom Management. 63 (3)：440-448.

Truog RD *et al.* (2008) "Recommendations for end-oflife care in the
intensive care unit: a consensus statement by the American College
[corrected] of Critical Care Medicine," *Critical Care Medicine.* 36 (3)：

953-963.

VitalTalk. "Home." < http://www.vitaltalk.org > 2022 年 12 月 6 日アクセス

伊藤香, 大内啓 (2022)『緊急 ACP ～悪い知らせの伝え方, 大切なことの決め方』医学書院

厚生労働省 (2018)「人生の最終段階における医療・ケアの決定プロセスに関するガイドライン　平成 30 年 3 月改定」< https://www.mhlw.go.jp/file/06-Seisakujouhou-10800000-Iseikyoku/0000197721.pdf > 2022 年 12 月 6 日アクセス

第5章

地域の病院・地域包括ケア病棟における認知症患者の看取り

水野 裕元

南医療生活協同組合 理事 / 総合病院南生協病院 院長

1．はじめに

　一般的に「看取り」とは，施されるべき治療などの介入が終了または一段落した後，もうこれから先は積極的な介入はしないで安らかに息を引き取るまで見守っていくこと，と思っている。慢性心不全，慢性腎不全，がんなど徐々に進行・悪化していく疾患では，予後が比較的理解しやすく，「看取り」の段階へ進んでいくことの違和感や倫理的問題はあまり生じない。そのため，心臓マッサージはしない，人工呼吸はしない，昇圧剤を使用しない，最後は苦しまないように，というのは，それほど問題なく希望に寄り添えると思う。問題となってくるのは，疾患や病態が治癒または安定したが，ADL（日常生活動作）が低下してしまってさらに食事も摂れなくなってしまった，という状況である。そこに認知症が絡んでくるとさらに問題が難しくなってくる。

栄養補給ができなければ必ず近いうちに死に至る。野生動物ならば食べられなくなればそのまま死を待つことになるが，人間は強制的な栄養補給が可能で，場合によりいわゆる老衰まで寿命を全うできることもある。強制的な栄養補給は，治療上重要な手段の一つではあるが，延命治療の一つでもある。この強制的な栄養補給をするのかしないのか。しなければ「看取り」となる。そして「看取り」となった場合，安らかに息を引き取るまでどのような医療・看護および介護の対応が望ましいのか，どうしたら患者本人そしてその家族の皆様に満足していただけるのか。十人十色であり，十分な対話と相応の対策が必要となる。

2．当院の沿革

はじめに，当院の沿革と理念を紹介しておきたい。

1959年に発生した伊勢湾台風で名古屋市南部一帯は甚大な被害を受けた。

この時，全国（愛知県民主団体災害救援委員会医療班，全日本民主医療機関連合会など）から多大な医療支援をいただいた。その後，救援活動は地元に引き継がれ，地域医療の拠点建設への活動が始まった。診療所開設発起人たちが「私たちの健康を守るために診療所をつくりましょう」と広く呼びかけ，賛同者と資金を集め，1961年に南医療生活協同組合が設立され，診療所が開設された。1976年には373床の総合病院南生協病院を設立，その後，二次救急指定病院の指定を受け，周辺地域の6ヵ所に診療所（歯科含む）を設立し，2000年に60床を分離して療養型病床（現在は回復期リハビリテーション）のかなめ病院を設立，2002年には院内に緩和ケア病棟20床を開設，さらに，訪問看護ステーション，老人保健施設，サービス付き高齢者住宅，老人ホーム，グループホームなどを整備した。そして，2010年に現在の名古屋市緑区に新築移転した。病院に隣接して在宅訪問診療所を設立，2018年に院内に地域包括ケア病棟48床を開設した。

当南医療生活協同組合の基本理念は，「みんなちがってみんないい　ひとりひとりのいのち輝くまちづくり」である。

3．地域包括ケア病棟とは

地域包括ケア病棟は，医療機能のうちの回復期機能に分類され，急性期を経過した患者に在宅復帰に向けた医療やリハビリテーションを提供する機能，特に脳血管疾患や大腿骨頸部骨折などの患者に対し，ADLの向上や在宅復帰を目的としたリハビリテーションを集中的に提供する機能（回復期リハビリテーションとは区別されている）を担っている。主に3つの役割がある。

1つ目の役割は，急性期治療が終わった後のリハビリ・療養と，在宅や外来からの軽度の疾患での入院加療である。ほとんどの患者さんは順調に療養して病状も改善し，60日以内という期限内に退院されるが，残念ながら元々の病気が悪化したり，転倒して骨折したり，嚥下性肺炎になってしまう方がおり，その際は，急性期病棟への転棟や他院転院を含めて対応している。

2つ目の役割は，レスパイト入院で，在宅介護における介助者のサポートのための入院である。ベッドの搬入，バリアフリーリフォームなどの在宅環境の整備の期間や，介助者の休息，旅行，冠婚葬祭などの事情により一時的に介護が困難となった場合などである。

3つ目の役割が「看取り」である。急性期病院からの転院または院内の急性期病棟からの転棟を受け入れている。当院で看取った患者さんは，当初から「看取り」が目的の方だけではない。疾患は改善または落ち着いたがADLが低下して経口摂取も不良となってしまい，リハビリでなんとかならないかと依頼されてきた方，在宅療養整備や施設調整で待っている間に徐々にADLが低下し経口摂取が不良となってしまった方，基礎疾患が悪化してしまった方などである。

4．認知症または認知機能の低下した患者さんの「看取り」について

　認知症または認知機能の低下した患者さんに対して，どこまでの治療を実施するのか，最終的に延命治療を希望するか否か，延命治療をしないまでもどこまでの介入を希望するのか。その方針を決定していく上での前提には，その時点で患者さんが在籍している病院・施設・在宅などの場所，患者さんの疾患・病態・基礎疾患・ADL・認知機能が保たれていた時の意思・社会的存在価値・資産・生存の意義・家族を含む親類縁者との関係，患者家族の経済力・介護力・死や看取りに対する価値観・延命治療に対する知識と価値観，周囲関係者からの評価や評判，倫理的問題などがあり，複雑である。

　「看取り」の方針が決定されるまでの経緯は，おおむね以下のようではないかと思う。入院時の疾患が治癒しても食事が摂れない状態となった場合，言語療法士による摂食嚥下機能評価がなされる。嚥下造影検査や嚥下内視鏡などを実施し，その結果を以て摂食嚥下訓練が開始される。そして，嚥下機能の改善が困難で誤嚥のリスクが高いか，なんとか嚥下は可能であっても摂取量がほんの少量であり生命維持に必要な量には到底足りない状態である，というように判断された場合に，医師，看護師，言語療法士などの医療者と，ご家族様または身元引受人の方たち（患者さん本人は，その多くが意思疎通困難であるため不参加となる）と各種の前提において，今後の方針が相談される。

　病状と全身状態，基礎疾患の予後，認知機能障害の状態と，摂食嚥下機能評価の結果とその展望について説明がなされる。摂食嚥下障害についてさらに原因の追求をされることはあまりなく，嚥下訓練が継続されることが多い。そして，強制的栄養補給の方法について説明され，その方法として，胃瘻栄養，経鼻経管栄養，高カロリー輸液についての説明がなされる。

　どれも侵襲は軽度であり苦痛も少ないため比較的容易に対処できるが，この患者さんにはどの方法が適切なのか相談され，その方法に応じた退院先・療養先が提案される。そうした説明の後に，延命治療をしない自然な形での看取りの方法もあるとの説明に入る。その方法には，お楽しみ程度の経口摂取＋末梢からの補液，お楽しみ程度の経口摂取のみ，経口摂取せずに補液のみ，経口摂取も補液もしない，がある。そして，何回かの話し合いがなされ，延命しない自然な形での看取りを選択された場合に，「看取り」の方針となる。そして，DNAR（Do Not Attempt Resuscitation）も確認される。

5．当院・地域包括ケア病棟への入院後，看取るまでの流れ

　「看取り」目的であっても，近年のコロナ禍の渦中にあって，主治医と患者さん家族との面談が制限され，なかなかコミュニケーションが取り辛い状況もあり，「看取り」についてしっかりと理解されていない場合が見受けられる。そのため，まずは，ご家族と面談し，地域包括ケア病棟へ入院するまでの経緯を確認し，「看取り」に関する理解の程度と今後の療養についての説明内容を確認している。

　特に，患者さんが以前より認知症と診断されている場合には，倫理的な側面で注意を払うようにしているが，摂食嚥下障害が原因で「看取り」の方針となった患者さんには，基本的には認知症ありと思って対応している。アルツハイマー型認知症は，記憶障害などの認知機能の低下が起こるが，運動機能はあまり低下しないため嚥下機能は保たれ，「食事ということが認識できず，食物や水分を認識できないため食事を始められない」，「口の中へ食物を介助で入れても咽頭へと食べ物を上手く送り込めない」，「咽頭まで送りこめれば嚥下できる状態」である。しかし，脳卒中を合併していたり，パーキンソン症候群であったりすると嚥下に障害を認め，終末期には嚥下障害が出てくる。レビー小体型認知症は，喉

のそれぞれの働きが低下することで，飲み込めずに咽せ込んでしまう摂食嚥下障害が出現する。脳血管性認知症は，損傷を受けた部位で症状が変わるが，大脳基底核が損傷すると摂食嚥下障害が現れる。前頭側頭型認知症は，運動ニューロンの障害を合併すると，摂食嚥下障害が強く現れることがある。

　認知症はあっても軽度で，ある程度のコミュニケーションが取れれば，もちろん方針の決定に際しては本人の意思を尊重している。本人の意思が確認できなければ，ご家族の意思決定に従うほかないが，必ず，ご家族には本人の意思・意向を想定して代弁していただくように強調している。

　地域包括ケア病棟に入院していても，胃瘻造設，高カロリー輸液用のポート造設は実施可能であるため，再度，強制的栄養補給についての説明をし，また，DNARの確認もしている。そうした対応で方針が変わり，胃瘻造設やポート造設を選択された患者さんもいる。

　また，「看取り」を確認した場合，看取るまでの方針，すなわち，経口摂取と補液についての確認をしている。1日500mLから1,000mLまでの点滴を継続されている患者さんが多い。お亡くなりになるまでの期間は，基礎疾患や栄養状態および経口摂取量にもよるが，患者さんによっては地域包括ケア病棟の入院期間の期限60日を超えることがある。もし，60日を超えるようであれば，退院して自宅で療養していただくか，施設へ入所していただくか，療養型病院へ転院していただくことになる。したがって，「看取り」においては，あとどれくらい生きていてほしいか，どこで看取りたいか，誤嚥や窒息の危険のある経口摂取をいつまで続けるのか，誤嚥性肺炎などの急性期疾患に罹患した場合はどこで治療をするのか，末梢血管確保が困難となった場合に皮下注射（1日500mL以下にしている）で補液を継続していくのか，が問題となる。

6.「看取り」の患者家族宛てのしおり
（地域包括ケア病棟・終末期ケアグループ作成）

　ここでは患者のご家族向けに作成した「看取り」のためのしおりを転載する。

ご家族の方へ　〜これからの日々〜

　大切な人とのお別れが来る前に，今後どのような変化が起こり，それにどう対応したら良いかと不安なことと思います。このしおりを読んで一緒に心の準備をしていきましょう。

○これからどうなるのでしょうか。

　よくある症状の変化…

◆食べたり飲んだりする量が減り，飲みにくくなったり咽せたりします

　　⇒無理に勧めず食べやすい形状の工夫をしていきましょう。氷片やかき氷，アイスクリームなど口当たりの良いものを好まれることがあります。ご本人が食べたいと思うものを食べたい時に食べてもらうくらいが良いでしょう。

◆だるくなり体に力が入らなくなります

　　辻褄が合わないことを言ったり，手足を動かして落ち着かなくなったりすることがあります。

　　⇒ご本人の言葉を否定せず安心できるような会話をしてあげてください。

◆おしっこの量が少なくなり，色も濃くなります

　　⇒週毎の変化…

　　だんだん睡眠時間が長くなっていきます。夢と現実を行ったり来たりするような時があります。

　　そして，声をかけても目を覚ますことが少なくなっていきます。

眠気があることで苦痛が和らげられることがあります。

○お別れが近づいてきた時に
　⇒息遣いが荒くなったり，ゆっくりになったりします。
　　大きなため息のような深い呼吸をすることもあります。
　　時には不規則な呼吸になり，一時的（数秒から数十秒）に呼吸がお休みすることもあります。
　　口を開けて顎を動かして，喘ぐような呼吸をすることもあります。
　　血圧が下がり循環が悪くなるため，手足の先が冷たく青ざめて脈が弱くなっていきます。次第に意識がなくなり，やがて呼吸が停止します。
　　苦しそうで見ていて辛いと感じるかもしれませんが，意識が遠のいていくので，ご本人はそれほど苦しさを感じなくなっていきます。
　　お別れが近づいてきたら，そっと傍にいて手を握ってあげてください。そして体をさすり言葉をかけてあげてください。
　　病状にもよりますが，患者さんの8割くらいの方はゆっくりとした変化を辿り，2割くらいの方には急な変化が起きることもあります。
　　また，全ての方が同じ経過を辿るのではなく人によって異なります。変化があればその都度ご説明しますが，気になることは医師や看護師に遠慮なくお尋ねください。

7．地域包括ケア病棟での「看取り」の状況

　当院・地域包括ケア病棟で，最近の1年間にお亡くなりになった患者総数は93名だった。その中で「看取り」として対応した患者さんは79名で，そのうち認知症と診断されていた方は30名であった。その他「看取り」に関与する基礎疾患・既往歴は，脳梗塞後遺症，脳出血後遺症，進行性核上性麻痺，蘇生後脳症，慢性心不全，慢性閉塞性肺疾患，結核性胸膜炎，間質性肺炎，パーキンソン病，関節リウマチ，悪性リンパ腫，

膵臓がん，直腸がん，多発性骨髄腫，乳がん多発脳転移，結腸がん多発肝転移，超高齢，であった。

　「看取り」となった経緯は，入院の契機となった疾患は治癒したが食事が摂れない，疾患は治癒したが基礎疾患が悪化して改善の見込みがない，疾患が治療抵抗性で治療不能となった，疾患が遷延して治癒の見込みがないと判断された，もう老衰である，であった。

　「看取り」以外で亡くなった患者さんは14名で，その内訳は，CVポート感染後敗血症，誤嚥性肺炎，口腔内出血による窒息，慢性腎不全増悪，うっ血性心不全急性増悪，白血病増悪，肝細胞がん末期，喀血による窒息，であった。

8．症例提示

1）80歳代女性

入院時病名：両側誤嚥性肺炎

基礎疾患：アルツハイマー型認知症，関節リウマチほか

既往歴：左大腿骨転子部骨折（保存的治療）

入院前居住：施設

ADL等：要介護4，全介助，リクライニング車椅子移乗可能（スライディングボード使用），簡単な会話は可能，食事は粥食・きざみとろみ付きを見守り，入浴は特殊浴槽使用で全介助，排泄はおむつ

家族：長女（キーパーソン）夫婦，近隣在住

経過：来院約1ヵ月前から口腔内に食事の溜め込みが多くなった。来院当日の昼，食事に咽せ込みあり，その後呼吸苦が出現し，酸素飽和度が80％台に低下しチアノーゼが出現。吸引を実施して酸素飽和度は90％台となったが呼吸苦が持続するため救急要請され，当院へ搬送された。そして，両側の誤嚥性肺炎の診断で入院，絶飲食，補液と抗生剤点滴にて治療が開始された。

　施設では嚥下障害に対して，その程度により，徐々に軟らかく飲み込

みやすい食形態（粥，キザミトロミ付き，ミキサー粥，ゼリー状などから選択）に変更されていたようであり，長期的に誤嚥が繰り返されていたのではないかと思われた。心電図異常を認めたため心エコーを実施し，結果は左室収縮能は良好で壁運動に異常はなかった。

　肺炎は徐々に改善していったが，経口摂取は厳しそうに思われた。約1年前に左大腿骨転子部骨折で当院に約2ヵ月ほど入院されていた際，入院時の嚥下評価では，挨拶に応じ，一部従命可能であるが，唾液誤嚥レベルであり，お楽しみ程度での経口摂取を行うのであれば果物ゼリーで，とのことであった。しかし，その後の嚥下訓練と身体リハビリをしていくうちに嚥下機能は徐々に改善し，退院時には主食軟飯・副食五分菜を摂取されていた。今回は痰が多く唾液の誤嚥が続いていた。

　入院10日目，長女さんに主治医から次のように病状が説明された。肺炎は落ち着いてきたが唾液の誤嚥が続いている，10日経ってもその状態が変わらないため嚥下訓練も始められない，今回は嚥下機能の回復は難しそうであり今後の栄養補給方法についてご家族と相談が必要である。これまで食べられなくなった時の強制的な栄養補給の方法や延命治療については，本人も長女さんもあまり考えたことがなかったとのことであったため，栄養補給の方法，人工呼吸・心臓マッサージなどの延命治療について説明し，ご家族の中で相談していただくこととなった。そして，2日後の面談が設定された。

　その2日後の面談でご家族は，本人の夫も同様の経過で2年前にこの病院の地域包括ケア病棟で看取った。その時も痰が多く吸引は辛い処置であったため点滴を調整してもらった。だから本人も夫と同じように看てもらいたいとは考えている，とのことであった。主治医から，当院での看取りを希望される場合，肺炎が落ち着いたら地域包括ケア病棟へ移っていただくことになるが，その病棟の入院期間の期限は60日であり，その期間以上の療養が必要となった場合には，看取りのできる施設や療養型の病院へ移っていただかないといけない。現在の状態は声かけに頷きがあり，ある程度の意思疎通は図れている。咽頭付近で痰貯留音

があり吸引にて白色の濃い痰が引けてはいるが，若干痰が減ってきている様子もあり，もうしばらく状態の推移を見て，今後の方針については後日ケースワーカーを交えて相談をしましょう，と伝えられた。その後延命治療について相談され，人工呼吸や心臓マッサージなどの辛い処置は行わない方針となった。

　入院21日後，長女夫婦と面談。ご家族から，本人の以前の意向は確認していないが，痛いとか苦しいとかは嫌だと言っていた，本人の夫は，点滴を調整しながら看取ってもらったので，同じような看取りで，と。また，入院前にいた施設は看取りをしておらず，今の状態で他の病院に移動させるとかは考えていないため，当院の地域包括ケア病棟での看取りを希望された。そして，その1週間後に転棟（主治医交代）となった。

　転棟後も変わらず痰絡みは強かったが，点滴量が調整されたせいか徐々に痰の量は減ってきていた。転棟後10日目の回診時，挨拶すると笑顔で頷かれ，比較的お元気そうに見えた。そのため，言語療法士に嚥下評価を依頼してみることとした。嚥下評価の結果は，唾液誤嚥レベル，お楽しみ程度の経口摂取を行うのであれば果物ゼリーを提供しては，というもので，当院に入院していた1年前と同じであった。まずは果物ゼリーの提供を全介助で開始した。その後，比較的安定して摂取されるようになったため，経口摂取開始1週間後にご家族と面談した。

　ご家族から，それくらい食べているのであれば点滴せずに経口摂取のみでの自然な看取りを，と希望された。それから2週間ほど経った頃には，徐々に元気はなくなってきてはいたが発語もあり，果物ゼリーを1日3回ほぼ全量摂取されるようになっていたため，嚥下ゼリー食（1日3食，700kcal/日）に食上げした。すると5割程度摂取されることもあり，再度ご家族と面談した。

　主治医より，経口摂取のみでの自然な看取りの方針としていて現在ゼリー食を半分程度食べられている，この状態が続くのであれば地域包括ケア病棟の期限を超えるかもしれない，そこで元居た施設へ問い合わせたところ，すでに退所されてはいるがロング・ショートステイでの受け

入れは可能との返事をいただいた。期限が過ぎそうであれば，いったん退院してしばらく施設で過ごしていただき，いよいよという状態となった時にまた当院へ入院していただくのはいかがかと提案したところ，ご家族は了承された。

　しかし，面談同日の夜に38度台の発熱を認め，誤嚥を疑い翌朝から絶食として経過を観察した。その後解熱し，比較的お元気になられたため，その翌日から嚥下ゼリー食を再開した。その後発熱はなかったが，3日後に意識レベルが低下，心電図モニターで120/分程度の洞性頻脈であった。担当看護師から，長女さん宅に電話で，先ほどから状態が悪化しており，至急来院していただきたい，可能であれば付き添っていただきたい，と伝えた。しかし，ご家族は，今すぐには仕事から抜けられないので何かあったら連絡を，との返事であった。あとどれくらいなのかとの質問があり，看護師は，いつ何が起こってもおかしくない状態であり予測はできないが本日中かもしれない，と伝えた。

　その翌日夕，転棟後40日目，呼吸が弱くなり橈骨動脈の触知が不良となったため，長女さんに電話で至急来院していただくように連絡した。約30分後に長女さん夫婦が来棟，その後呼吸が停止，次第に心拍数も低下し心停止となった。長女さんから，「すごく穏やかでした。眠るようでした。全然気付かなかったくらいです。父の時はもっと苦しんでいたので，安らかで良かったです。呼んでいただいてありがとうございます」とのお言葉をいただいた。

　死亡診断書の死因は，誤嚥性肺炎。

2）80歳代女性

入院時病名：両側誤嚥性肺炎

基礎疾患：認知症，外傷性くも膜下出血後遺症ほか

既往歴：上行結腸がん切除術後，左大腿骨頸部骨折術後

入院前居住：施設

ADL等：要介護5，車椅子見守り・自走あり，発語あるが意味のある

会話は難しい，時に暴言あり，食事は粥食・とろみ付き・一部介助，入浴は全介助で座浴，トイレは全介助

家族：次女（近隣在住，キーパーソン），長女（遠方在住）

経過：来院当日の昼食時に咽せ込みあり，それ以降酸素飽和度が88～90％程度から上昇しなくなったため，同日，当院救急外来に受診された。そして，両側誤嚥性肺炎の診断で入院，体位ドレナージをしつつ，絶飲食，補液，抗生剤にて治療が開始された。また，入院時に，救急外来担当医より，急変時の対応についてキーパーソンである次女さんと相談され，心肺蘇生は希望されなかった。

　入院後，CT画像にて，多発転移性肝がん疑いの所見があったため腫瘍マーカーのチェックが行われ，3種類の高値を認め，結腸がんからの転移性肝がんと判断された。

　入院3日目に，主治医より次女さんに誤嚥性肺炎の経過と転移性肝がんを含めての病状説明がなされた。その際に急変時の対応も再度相談され，心肺蘇生は希望されなかった。転移性肝がんについては，侵襲的な治療は希望されなかったが，転移性肝がんによる腹水貯留や黄疸などの症状が出現してきた際には，手術した病院での対応を希望された。

　肺炎は徐々に改善し，全身状態も良くなってきたため，経口摂取開始に際し，言語療法士に嚥下評価と訓練が依頼された。結果は，ゼリーの誤嚥レベル，従命不能のため訓練対象外，食事を開始できないため観察評価は行えない，提案できる食事形態が存在せず，であった。

　肺炎改善後，次女さんに病状の経過と嚥下評価の結果が伝えられ，今後の栄養補給方法についての相談がなされた。その結果，経管栄養および高カロリー輸液は希望されず，末梢からの輸液を継続し，看取りのできる施設や療養型の病院での療養を希望された。その後，徐々に衰弱され，末梢血管確保も困難となり皮下注射へ移行，再度の次女さんとの面談で，当院での看取りの方針となり，入院22日目に，地域包括ケア病棟へ転棟（主治医交代）となった。

　転棟時，担当看護師が患者さんに，「今日からこの病棟で療養するこ

とになりました。よろしくお願いします」と挨拶すると，開眼され追視あり，発語はないが頷かれた。心電図モニターを装着，胸式呼吸，経鼻酸素４Ｌで酸素飽和度94 ～ 98％，左腹部より皮下注射実施中で下肢浮腫軽度。体温37.3度，血圧112/64mmHg。マウスケア・吸痰を実施，白色粘稠痰が少量引けた。夕になるとうっすら開眼はされるも呼名に反応なく，覚醒状態が不良となっていた。担当看護師は，急変もあり得ると判断，同日夜に次女さんと面談し，お気持ちを伺った。すると，現在家族中でいろいろなことが重なっていて多忙な状態であり，もうしばらくは生きていてほしい，との希望が出された。

　その後，患者さんの意識レベルは改善し，バイタルを測定していると，「なんだ？」との発語もあり安定していた。翌朝，介助入浴を実施，入浴から帰室したあと，「さっぱりしましたか？」と声をかけると，開眼され，わずかに頷かれ，手を少し動かされた。経鼻酸素３Ｌで酸素飽和度99％，収縮期血圧は80mmHgでバイタルは比較的安定していた。しかしやや意識レベルの低下が進行しており，担当看護師は現在の方針ではご家族のもうしばらく生きていてほしいとの希望に沿えないと思い，早期に主治医との面談が必要と判断，次女さんに電話で連絡を取った。すると次女さんから，死期がいつなんて分からないと思うが，主治医から話を聞きたい，と返事があった。そのため，早期に面談を設定することとなった。また，今すぐというのではないが，もしかしたら近日中に急変されることもあり得る，と伝えた。

　その同日夕，突然心電図モニターで心拍数が30 ～ 40/分台へ低下したため看護師が訪室したところ，橈骨動脈の触知が弱く呼吸がゆっくりであった。すぐに次女さんへ電話し，至急来院していただくように連絡した。しかし，ご家族が到着する前に心拍数はゼロとなってしまった。次女さん家族に主治医から経過を説明，そして，ご家族のもうしばらく生きていてほしいというご希望に沿えなかったこと，余命の見立てが甘かったことを謝罪した。

　死亡診断書の死因は，誤嚥性肺炎。

3）70 歳代女性

入院時病名：両側誤嚥性肺炎

基礎疾患：アルツハイマー型認知症，外傷性くも膜下出血後遺症ほか

入院前居住：施設

ADL 等：身体障害 1 級，要介護 4，軽度介助で車椅子移乗，意思疎通
　　　　不可能，食事は粥食・きざみ食・一部介助，入浴は全介助，排泄
　　　　はおむつ

家族：夫（廃用症候群で寝たきり），長男（近隣在住，キーパーソン）

経過：来院 5 日ほど前から食事摂取量にむらが出てきて咽せるように
　　　なっていた。2 日前から食事摂取・水分摂取ができなくなり，来
　　　院日の朝に 38 度の発熱と咳・痰が出現したため，当院内科外来
　　　に受診された。そして，両側誤嚥性肺炎の診断で入院，絶飲食，
　　　補液，抗生剤にて治療が開始された。

　徐々に肺炎は落ち着いてきたが，入院 10 日目の言語療法士の嚥下評
価は，指示従命困難のため機能訓練の適応なし，現状では経口摂取に向
けた計画立案が困難，との結果であった。

　同日，主治医より電話で息子さんに病状と現在の状況が説明された。
肺炎は落ち着いたが痰が多く頻回の吸痰が必要な状態であり，唾液を誤
嚥していると思われる。飲み込む能力がほとんどなく吸引しないと窒息
や再度肺炎を起こしてしまうような状態となっている。その原因は，認
知症と廃用と思われ，現時点では口からの食事摂取は難しく今後も回復
は厳しい可能性が高い。そのため別の栄養補給方法，経管栄養や点滴栄
養などを考えていただく必要がある，と。息子さんから，飲み込みやす
い食事ではどうか，との質問があった。主治医から，唾液も誤嚥して飲
み込めない状況であり，今の時点ではどのような食形態であってもとて
も危ない。先々については回復状況次第で検討ができるかもしれない
が，かなり厳しいと思われる，と伝えられた。また，呼吸不全になって
しまった場合の気管内挿管・人工呼吸管理および心停止時の心臓マッ
サージについても説明がなされ，それについては持ち帰ってご家族で話

し合っていただき，後日お返事をいただくこととなった。

　その4日後，電話で主治医と息子さんが話し合い，胃瘻栄養，人工呼吸および心臓マッサージはしないこととなったが，点滴栄養については決められなかった。再度高カロリー輸液と末梢点滴についての説明がなされ，後日返事をいただくこととなった。

　その1週間後，主治医と息子さんが電話で話し合われ，末梢点滴を継続してなるべく苦痛なく看取っていく方針となった。息子さんから，点滴をやめてしまってすぐに命に関わるのは忍びないが，かといって，長く痰を取りながら延命していくのも辛い，とのことであった。主治医から，本人の状態を見ながら無理のない範囲で点滴量を調整し，なるべく苦痛がないように看ていく，と伝えられた。そして，状況によっては地域包括ケア病棟での療養なども考慮することとなった。また，余命についての質問があり，本人の状態にもよるが，あと1ヵ月前後になる可能性が高いと説明された。その後，入院29日目に地域包括ケア病棟へ転棟（主治医交代）となった。

　転棟時の状態は，呼びかけに開眼されるも返答なし。口腔ケア実施後の吸引にて白色水様痰少量あり，橈骨動脈の触知は弱め，下肢はやや冷感あり，チアノーゼなし，四肢末梢に浮腫なし。心電図モニターを装着，心拍数は90/分で酸素飽和度は94%であった。

　転棟3日目に主治医と息子さんが面談，息子さんは当院での看取りを希望され，そして，「自然に」とは矛盾しているとは思うが，ここに居られるだけぎりぎりまで居させてほしい，との希望も出された。主治医から，現在の本人の状態を考えると，もっても1ヵ月くらいかと思われるが，もっと長く，と希望されるなら投与カロリーを増やす必要がある，当病棟の60日間の期限ぎりぎりを目指していろいろ調整することは難しい，もし期限を超えるようであれば施設への退院や療養型病院へ転院していただくことになる，と伝えた。相談の結果，現在の点滴を継続しての看取りの方針となった。

　その後徐々に痰の量は減ってきていたが，活気は徐々に低下していっ

た。転棟1週間後，そろそろ急変もあり得ると判断し個室へ転室した。転棟当初の，ここに居られるだけぎりぎりまでとの希望からは随分早くなりそうであるため，息子さんと面談してお気持ちを伺ったところ，そのまま看取りでよいとのことであった。転棟16日目にお亡くなりになった。

　死亡診断書の死因は，誤嚥性肺炎。

9．まとめ

　当院・地域包括ケア病棟での認知症患者の「看取り」について，3症例を交えて報告した。

　ケアされて看取られるのは患者さんであるが，特に認知症の患者さんの場合は，「看取り」の現場で大きな存在となるのは患者さん本人ではなくご家族である。

　地域包括ケア病棟へ「看取り」で入院された，または結果的に「看取り」となってしまった患者さんのご家族の希望は，苦痛のないように自然に逝ってほしい，自宅での療養は困難，施設への入所は希望しない，他院への転院は希望しない，など，当病棟での自然な臨終を希望されることが多い。

　最長60日という期間の縛りの中で看取るために，補液量の調節による命の調節をする状況も出てきて，なんともやるせない気持ちになることがある。しかし，自然に，という方針において次の療養場所へ移動が必要となれば，ご家族はさらに面接・面談を繰り返さねばならず，お金もかかる。患者さんも別のところへ移動すれば，ケアする人も環境も変わる。そのことが患者さん本人そしてご家族の苦痛となったり不幸にさせることとなったとしても，「これ以上の選択はなかったのだ」と思うほかない。患者本人の気持ちを察することはあまりできないが，これまで多くのご家族から感謝のお言葉をいただいてきていることが心の救いとなっている。

認知症患者の看取りとは，実際には患者の状態・推移における中での患者家族と医療者そして患者にとって何がベストな選択なのか，非常に高度な判断を求められることとなる。ここでは3症例を紹介したに過ぎないが，ケースバイケースの事例がある程度盛り込まれていると思う。判断に迷われた際の一助ともなれば幸いである。

第6章

緩和ケア

－全ての重い病を持つ患者とその家族を対象として－

木澤 義之

筑波大学医学医療系 教授

1．緩和ケアの歴史と現在

　世界保健機関（World Health Organization：WHO）は緩和ケアを以下のように定義している。「生命を脅かす病に関連する問題に直面している患者とその家族のQOL（Quality of Life）を，痛みやその他の身体的・心理社会的・スピリチュアルな問題を早期に見出し的確に評価を行い対応することで，苦痛を予防し和らげることを通して向上させるアプローチである」（日本ホスピス緩和ケア協会，2018）。

　緩和ケアの原点はホスピスの活動に求めることができる。ホスピスは10世紀頃ヨーロッパで始まり，傷ついた兵士や旅人に必要な手当てや看取りを提供する教会に付属する施設であったとされる。初めて医療ケアが組み込まれたホスピスの一つが，1879年にアイルランドのダブリンに設立されたOur Lady's Hospiceであるとされており，患者の多く

は飢餓状態にあり，結核などの感染症に罹患していた。現代のホスピスの原点はロンドンで1967年にシシリー・ソンダース女史によって設立されたSt Christopher's Hospiceであり，がん患者を始めとした終末期患者をトータルペインモデルで捉えて医療・ケアを提供すること（身体的・精神心理的・社会的・スピリチュアルな側面からアセスメントし，全人的な視点で捉える）が提唱され，症状緩和の研究とエビデンスに基づいたケアが実践された。St Christopher's Hospiceの実践は世界にホスピス運動として広がり，日本でも1981年に初めてのホスピスが聖隷三方原病院に設置された。

　その後，1990年に緩和ケア病棟の診療が保険診療として算定できるようになり，緩和ケア病棟が全国各地に設置された。2002年には緩和ケアチームの診療が保険診療として算定できるようになり，2007年にはがん対策基本法に基づいて策定されたがん対策推進基本計画により，全てのがん診療拠点病院に緩和ケアチームの設置が義務付けられ，がん医療を中心としてこの20年で大きく発展した。がん患者を対象とした場合，全がん死亡患者の16%に当たる約59,000人が緩和ケア病棟で死亡し（2022年日本ホスピス緩和ケア協会調査結果），28%に当たる約108,000人が緩和ケアチームの診療を受けていることが明らかとなっており，重複はあるものの，がん死亡患者の30～40%がこれら緩和ケア専門家の診療を受けていることが想定される。

1）用語の整理：終末期医療，緩和ケア，エンド・オブ・ライフケア

　わが国において，緩和ケアがどのように捉えられているかを考える上で，日本医師会第IX次生命倫理懇談会の終末期医療に関する見解に触れる必要がある（日本医師会，2006）。同懇談会は，2006年に終末期医療を「死亡直前の医療」と捉えるのではなく，それを広く捉えて「死に至るまでの時間が限られていることを考慮に入れる必要性のある状況下における医療」全てを含むとし，その中で，患者にとって延命よりもどれだけのQOLを保つかが大切だとして，医療の目的を「cure

もcareも」大事だとするよう発想の転換を促している。また，2018年11月に出された第XV次生命倫理懇談会答申では（日本医師会，2017），厚生労働省が2015年から「終末期医療」を，「人生の最終段階における医療」と呼び変えるようになっていることを踏まえて，次のように表現している。

　「人生の最終段階におけるケア」をEOLC（エンド・オブ・ライフケア：End-of-Life Care）に対応する日本語とすると，日本におけるEOLCは，医学的に判断される身体的生命が終わりに近づいているという「ターミナル期」に比して，「人生」の終わりに近づいているという個々人の人生に注目する概念とするのが適当であろう。

　イギリスのNHSは，EOLCの定義を「人生の最後の数ヵ月ないし数年を生きている人々へのサポートである」と定義した上で，その活動を「死に至るまでできる限り良く生きるように，また尊厳を持って死に至るように（to die with dignity）支援する」としており，人生の最終段階の時期におけるケアという理解と親和的である。

　本人が最期まで自らの生を肯定し，自分らしく生き終わるというケアの目標が，with dignity と謳われている。「尊厳ある死（尊厳ある生）を実現するために，様々な苦痛が本人にある場合には，終末期であるか否かを問わず，緩和ケアの充実が必要である。

本稿ではこの日本医師会の終末期医療の捉え方を踏襲し，エンド・オブ・ライフケア≒人生の最終段階における医療・ケア≒終末期医療と考える。以上より，エンド・オブ・ライフケアとは，死が避けられない状況にあり，「死に至るまでの時間が限られていることを考慮に入れる必要性のある状況下における医療・ケア」全てを含み，「死に至るまでできる限り良く生きるように，また尊厳を持って死に至るように（to die with dignity）支援する」活動である。また，提供される時期は，疾患により，また個人により様々であるが，主として「人生の最後の数ヵ月ないし数年を生きている人々へのサポート」になることが多い。

　また，エンド・オブ・ライフケアと緩和ケアの違いについては，議論

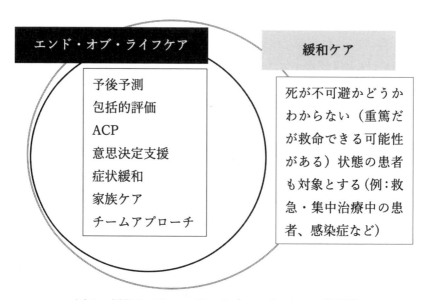

エンド・オブ・ライフケア　　　　緩和ケア

予後予測
包括的評価
ACP
意思決定支援
症状緩和
家族ケア
チームアプローチ

死が不可避かどうか
わからない（重篤だ
が救命できる可能性
がある）状態の患者
も対象とする（例：救
急・集中治療中の患
者、感染症など）

図1　緩和ケアとエンド・オブ・ライフケアの関係性

があるところだが，図1のように考えられることが多い。つまり緩和ケ
アが人生の最終段階の医療・ケアを内包している，という捉え方である
（End-of-Life Care Research Program，2011）。人生の最終段階にお
ける医療と緩和ケアの大きな違いは，後者（緩和ケア）が「死が不可避
かどうか」を問わずに提供される点であると考えられている。ただし諸
外国ではエンド・オブ・ライフケアと緩和ケアの実践する内容がほとん
ど重なっているため，緩和ケア／エンド・オブ・ライフケア（Palliative
and End-of-life care）と表記してまとめて扱われることも多い。

2．改めて緩和ケアとは：がんから全ての重い病へ

　前述したように，わが国の緩和ケアはがん医療を中心としてこの20
年で大きく発展した。一方で，がん以外の疾患の緩和ケアの実践なら
びに制度化は遅れている。2018年にようやく末期心不全に対する緩和
ケアが緩和ケア診療加算の対象疾患となった。2018年にWHOは緩和

ケアをuniversal health coverageの一つとして位置付け，世界中の全ての人々が，住んでいる場所や病気の種類，年齢にかかわらず受けられるようにする必要があるとした（WHO, 2018）。また，その対象を「serious illness」（重い病）を持つ人とその家族とし，治癒が可能かどうかにかかわらず，緩和ケアを実践することの重要性を強調した。serious illness（重い病）とは，重大な障害を引き起こし，長期的な障害や死亡に繋がる可能性のある，急性または慢性の病気や状態を指す。一例として，急性肝不全で肝移植の対象となる患者，重篤な交通外傷の患者，慢性心不全の患者，認知症患者，新型コロナウイルス感染症（coronavirus disease 2019：COVID-19）で集中治療室に入室した患者等を挙げることができる。

　2020年現在，わが国では年間約130万人が死亡し，その7割を75歳以上が占める。死亡原因のうちがんに起因するものはわずか28％である。がんは痛みを始めとしたつらい症状を伴うことが知られているが，表1に示すとおりがん以外の疾患でも痛み，呼吸困難，抑うつ，不安，不眠などの多彩な症状は高頻度で見られ，対応が必要である（Moens,

表1　疾患別の苦痛症状の頻度（Moens, 2014）

	がん	COPD	心不全	腎不全	認知症
倦怠感	23 ～ 100%	32 ～ 96%	42 ～ 82%	13 ～ 100%	22%
食欲不振	76 ～ 95%	64 ～ 67%	n.a.	38 ～ 64%	n.a.
疼痛	30 ～ 94%	21 ～ 77%	14 ～ 78%	11 ～ 83%	14 ～ 63%
悪心嘔吐	2 ～ 78%	4%	2 ～ 48%	8 ～ 52%	8%
呼吸困難	16 ～ 77%	56 ～ 98%	18 ～ 88%	11 ～ 82%	12 ～ 52%
不眠	3 ～ 67%	15 ～ 77%	36 ～ 48%	1 ～ 83%	14%
せん妄	2 ～ 68%	14 ～ 33%	15 ～ 48%	35 ～ 70%	n.a.
便秘	4 ～ 64%	12 ～ 44%	12 ～ 42%	8 ～ 65%	40%
下痢	1 ～ 25%	n.a.	12%	8 ～ 36%	n.a.
抑うつ	4 ～ 80%	17 ～ 77%	6 ～ 59%	2 ～ 61%	46%
不安	3 ～ 74%	23 ～ 53%	2 ～ 49%	7 ～ 52%	8 ～ 72%

n.a.: not available

2014)。このように，わが国では7割以上の重い病を抱える患者に対して，ニーズがあるにもかかわらず必要な緩和ケアが提供されていない状況であり，緩和ケアをがん以外の疾患を持つ患者に提供することは，わが国の医療における喫緊の課題である。

3. 高齢者における緩和ケア：フレイル，進行性疾患の多疾患併存，そして不確実性（frailty, advanced multimorbidity, and uncertainty）

高齢者における緩和ケアを考える上で重要なキーワードが3つあると個人的に考えている。それは，フレイル（frailty），進行性疾患の多疾患併存（advanced multimorbidity），そして不確実性（uncertainty）である。

フレイルとは，「加齢に伴う予備能力低下のため，ストレスに対する回復力が低下した状態」を表す"frailty"の日本語訳として日本老年医学会が提唱した用語である。フレイルは，要介護状態に至る前段階として位置付けられるが，身体的脆弱性のみならず精神心理的脆弱性や社会的脆弱性などの多面的な問題を抱えやすく，自立障害や死亡を含む健康障害を招きやすいハイリスク状態を意味する（荒井，2018）。

多疾患併存とは，同一人物で2つ以上の慢性疾患がある状態を指し（Smith *et al.*, 2021），進行性疾患の多疾患併存（advanced multimorbidity）とは，2つ以上の進行性／予後が限られた疾患が併存する状態を指すと定義される（Etkind *et al.*, 2022）。

このようなフレイルで多疾患併存の状態の患者に対してケアを行う時に，患者家族・医療従事者は不確実性（uncertainty）と直面することになる。不確実性（uncertainty）は最近の研究で，「複数の病気の評価と管理（【例】しなければならないことが多く，治療やケアの選択が困難）」，「分断されるケアとコミュニケーション（【例】特に，複数の医療者や専門家が関わっている場合）」，「心理的，実存的に圧倒される

感じ（【例】どうしたらよいか分からない，不安）」，「他者の不確実性（【例】誰をどれくらい信じてよいか分からない）」，「継続的な変化（【例】状況が常に変化していく）」という5つの領域から構成される「Total uncertainty」として捉えられており（Etkind *et al.*, 2022），この不確実性にどうアプローチするか，そして予防的（proactive）にどう関わるかが，患者家族のQOLの向上に寄与すると考える。

　特に高齢者において緩和ケアの対象患者を同定するためには，より包括的に患者を捉えることができるサプライズ・クエスチョン（surprise question：SQ）を使うのが現実的かもしれない。SQは「この患者が1年以内に亡くなったら驚くか」と医師が自問自答し，「驚かない」場合にスクリーニング陽性とするものである（Small *et al.*, 2010）。SQによるスクリーニングが陽性だった場合は，高齢者総合評価に加えて，詳細な緩和ケアのアセスメントを行い，前記した不確実性（uncertainty）があることを前提にそれをケアする形で予防的に関わる必要があるだろう。

4．おわりに

　高齢社会のさらなる進行に対応して，緩和ケアは大きくその方向性と形を変えていく必要がある。そして緩和ケアの主たる対象は自ずと高齢者になる。全ての重い病を持つ患者と家族に質の高いケアが地域で提供されるために，さらなる体制整備と教育の充実に力を尽くしていきたいと考えている。

参考文献

End-of-Life Care Research Program, University of Washington School of Medicine（2011）"Palliative and End-of-Life Care Differences" < https://depts. washington.edu/eolcare/2011/09/palliative-and-endof-life-care-differences/ > Accessed December 8, 2022.

Etkind SN, Li J, Louca J, Hopkins SA, Kuhn I, Spathis A and Barclay SIG (2022) "Total Uncertainty: A Systematic Review and Thematic Synthesis of Experiences of Uncertainty in Older People with Advanced Multimorbidity, Their Informal Carers and Health Professionals," *Age and Ageing.* 51 (8)：afac188. doi: 10.1093/ageing/afac188.

Moens K (2014) "Are There Differences in the Prevalence of Palliative Care-Related Problems in People Living with Advanced Cancer and Eight Non-cancer Conditions? A Systematic Review," *Journal of Pain and Symptom Management.* 48：660-677. doi: 10.1016/j.jpainsymman.2013.11.009.

Small N *et al.* (2010) "Using a Prediction of Death in the Next 12 Months as a Prompt for Referral to Palliative Care Acts to the Detriment of Patients with Heart Failure and Chronic Obstructive Pulmonary Disease," *Journal of Palliative Medicine.* 24：740-741. doi: 10.1177/0269216310375861.

Smith SM, Wallace E, O' Dowd T and Fortin M (2021) "Interventions for Improving Outcomes in Patients with Multimorbidity in Primary Care and Community Settings," *Cochrane Database of Systematic Reviews.* 1(1)：CD006560. doi:10.1002/14651858.CD006560.pub4.

World Health Organization (WHO) (2018) "Integrating Palliative Care and Symptom Relief into Primary Health Care." < https://www.who.int/publications/i/item/integrating-palliative-care-and-symptomrelief-into-primary-health-care > Accessed December 8, 2022.

荒井秀典 編（2018）『フレイル診療ガイド 2018 年版』日本老年医学会

日本医師会第 IX 次生命倫理懇談会（2006）「平成 16・17 年度『ふたたび終末期医療について』の報告　平成 18 年 2 月」

日本医師会生命倫理懇談会（2017）「第 XV 次生命倫理懇談会 答申　超高齢社会と終末期医療　平成 29 年 11 月」

日本ホスピス緩和ケア協会（2018）「WHO（世界保健機関）の緩和ケアの定義（2002年）」< https://www. hpcj.org/what/definition.html > 2022 年 12 月 8 日アクセス

第7章

人生の最期の場所についての一般国民の希望と死亡診断書に係る医師法 20 条の解釈・運用

前田 正一

慶應義塾大学大学院健康マネジメント研究科 教授

1．はじめに

　厚生労働省は，平成4年度よりおおむね5年ごとに一般国民等を対象として終末期医療に関する調査を実施してきた。これまでに合計7回の調査が行われており，直近の調査は令和4年12月に実施されている。

　上記のうち6回目の調査（平成29年度調査）まで厚生労働省によって調査結果が公表されている[注1]。この平成29年度調査では，人生の最終段階におけるいくつかの病態等の状況が示され，当該状況の下での，①医療・療養の場所，②最期の場所について希望が尋ねられている。このうちの一般国民を対象とした調査結果をみると，「認知症が進行し，

注1）本稿の校了後に7回目の調査について結果が公表された（注8参照）。なお，第1回，第2回の調査についてはWeb上では調査結果が公開されていない（筆者からの問い合わせに対する厚生労働省からの回答：2022.12.26）

…（略）…，かなり衰弱が進んできた場合」については，①医療・療養の場所として「医療機関」を選択した者の割合は28.2％であり，「介護施設」や「自宅」を選択した者の割合は65.8％（介護施設：51.0％，自宅：14.8％）であった。また，上記のうち「自宅」を選択した者については，最期の場所として「医療機関」を選択した者の割合は3.4％であり，自宅や介護施設を選択した者の割合は64.0％（自宅：63.5％，介護施設：0.5％）であった。本調査結果からは，一般国民の中には，認知症を患った場合，介護施設や自宅など，医療機関以外の場所を最期の場所として希望している者も多いことが推察される[注2]。

　しかし，医療機関以外の場所には医師が常駐していないことから，医師による死亡診断が迅速に行えないことがあるなどの事情により，患者の中には，人生の最期が近づいた段階で医療機関への入院を余儀なくされ，そこが最期の場所になる者がいるとの報告がなされてきた。

　そこで，本稿では，上記の厚生労働省による調査結果を対象として，人生の最期の場所についての一般国民の意識を確認した上で，（死亡診断・）死亡診断書の交付について規定する医師法20条の解釈および厚生労働省による関連通知について解説する。

2．人生の最期の場所についての一般国民の意識

1）厚生労働省による意識調査

　上記のとおり，厚生労働省は，平成4年度よりおおむね5年ごとに，一般国民，医師，看護職員等を対象として終末期医療に関する意識調査を行ってきた（各回の調査名称は表1に示すとおりである）。これまでに7回の調査が行われており，第2回以降の調査は第1回調査の趣旨を

注2）もっとも厚生労働省による調査では，①医療・療養の場所についての質問で「自宅」を選択した者に対してのみ②最期の場所について質問している。このため，①の質問で「医療機関」や「介護施設」を選択した者については，最期の場所についての希望が不明である。

踏まえて実施されてきた。もっとも，調査名称の変更にも表れているように，各回の調査ではその時点で新たに必要となった項目が追加されるなど，過去の全ての調査が同一の調査票で行われたわけではない[注9]。

なお，本稿との関係で特記すれば，平成14年度調査では，がんの末期や植物状態以外に脳血管障害や痴呆等で死を迎える高齢者も多いとし

表1　厚生労働省による意識調査

	調査年度	名　称	調査時期
1	平成4年度調査[注3]	末期医療に関する意識調査	平成5年3月
2	平成9年度調査[注3]	末期医療に関する意識調査	平成10年1月～3月
3	平成14年度調査[注4]	終末期医療に関する調査	平成15年2月～3月
4	平成19年度調査[注5]	終末期医療に関する調査	平成20年3月
5	平成24年度調査[注6]	人生の最終段階における医療に関する意識調査	平成25年3月
6	平成29年度調査[注7]	人生の最終段階における医療に関する意識調査	平成29年12月
7	令和4年度調査[注8]	人生の最終段階における医療・ケアに関する意識調査	令和4年11月～12月

注3）調査名称および調査時期については次の報告書（2頁）より把握。https://www.mhlw.go.jp/bunya/iryou/zaitaku/dl/06.pdf
注4）終末期医療に関する調査等検討会報告書－今後の終末期医療の在り方について－（平成16年7月，厚生労働省）https://www.mhlw.go.jp/shingi/2004/07/s0723-8.html#mokuji
注5）終末期医療のあり方に関する懇談会「終末期医療に関する調査」結果について（平成22年12月，厚生労働省　終末期医療のあり方に関する懇談会）https://www.mhlw.go.jp/stf/shingi/2r9852000000yp23-att/2r9852000000ypwi.pdf
注6）人生の最終段階における医療に関する意識調査 報告書（平成26年3月，厚生労働省　終末期医療に関する意識調査等検討）https://www.mhlw.go.jp/file/05-Shingikai-10801000-Iseikyoku-Soumuka/0000041847_3.pdf
注7）人生の最終段階における医療に関する意識調査 報告書（平成30年3月，厚生労働省　人生の最終段階における医療の普及・啓発の在り方に関する検討）https://www.mhlw.go.jp/toukei/list/dl/saisyuiryo_a_h29.pdf
注8）人生の最終段階における医療・ケアに関する意識調査 報告書（令和5年12月，人生の最終段階における医療・ケアに関する意識調査事業）https://www.mhlw.go.jp/toukei/list/saisyuiryo.html

て，高齢者の終末期における療養の場所，意思の確認方法の項目が新たに追加された[注10]。以後，直近の調査まで同旨の調査が行われている。

2）人生の最期の場所：一般国民の意識

　平成14年度から直近の令和4年度（平成29年度）までの調査では，人生の最期の場所についての一般国民の意識は以下のようなものであった。ここでは，本特集の対象である認知症に関係する結果のみを示す。

（1）平成14年度調査（調査人数：5,000，回収率：51.6％）

　平成14年度調査では，「あなたが高齢となり，脳血管障害や痴呆等によって日常生活が困難となり，さらに，治る見込みのない状態になった場合，どこで最期まで療養したいですか。」との質問[注11] が行われた。この質問に対して，「病院」を選択した者が最も多く，その割合は38.2％であった。また，「老人ホーム」や「自宅」を選択した者の割合は47.5％（老人ホーム：24.8％，自宅22.7％）であった。

（2）平成19年度調査（調査人数：5,000，回収率：50.5％）

　平成19年度調査では，「あなたが高齢となり，脳血管障害や認知症等によって日常生活が困難となり，さらに，治る見込みのない状態になった場合，どこで最期まで療養したいですか。」との質問[注12] が行わ

注9）平成23年度には池上直己らにより調査方法・内容等の検討が行われ（平成23年度厚生労働科学研究費補助金，終末期医療のあり方に関する調査手法の開発に関する研究，研究代表者：池上直己），平成24年度調査では上記の検討結果を踏まえた調査票が用いられ，以前より精度の高い調査が行われた。

注10）終末期医療に関する調査等検討会報告書－今後の終末期医療の在り方について－（平成16年7月，厚生労働省）Ⅱ．意識調査の概要，https://www. mhlw.go.jp/shingi/2004/07/s0723-8a.html#2（本稿に掲げた全てのWebサイトへの最終アクセス日は2023年4月1日）

注11）調査票 問9　https://www.mhlw.go.jp/shingi/2004/07/dl/s0723-8a.pdf

注12）調査票 問11　https://www.mhlw.go.jp/shingi/2008/10/dl/s1027-12f_0001.pdf

れた。この質問に対して，「病院」を選択した者が最も多く，その割合
は44.3％であった。また，「老人ホーム」や「自宅」を選択した者の割
合は37.6％（老人ホーム：15.2％，自宅：22.4％）であった。

(3) 平成24年度調査（調査人数：5,000，回収率：43.6％）

　平成24年度調査では，BOX 1で示す事例が示され，「どこで過ごし
ながら医療を受けたいですか」との質問^{注13)} が行われた。この質問に対
して，「介護施設」を選択した者が最も多く，その割合は59.2％であった。
また，「介護施設」や「居宅」を選択した者の割合は71.0％（介護施設：
59.2％，居宅：11.8％）であった。一方，医療機関を選択した者の割
合は26.8％であった。

BOX 1　平成24年度調査で提示された事例

－あなたの病状－
認知症が進行し，自分の居場所や家族の顔が分からず，食事や着替え，トイレなど身の回りのことに手助けが必要な状態で，かなり衰弱が進んできました。
－医療上の判断－
「回復の見込みはなく，徐々にあるいは急に肺炎などで死に至る。」とのことです。

(4) 平成29年度調査（調査人数：6,000，回収率：16.2％）

　平成29年度調査では，「医療・療養を受けている段階と最期の段階と
で，場所の希望は心身の変化等の影響により変化する」として，①医療・
療養の場所と，②最期の場所に分けて調査が行われた。

　その際にはBOX 2で示す事例が示され，「どこで過ごしながら医療・

注13) 調査票 問11　https://www.mhlw.go.jp/stf/shingi/2r98520000035sag-
　　　att/2r98520000035sg0_1.pdf

療養を受けたいですか。」との質問[注14] が行われた。この質問に対して，「介護施設」を選択した者が最も多く，その割合は51.0％であった。また，「自宅」や「介護施設」を選択した者の割合は65.8％（介護施設：51.0％，自宅：14.8％）であった。一方，「医療機関」を選択した者の割合は28.2％であった（表2）。

平成29年度調査では，上記のうち「自宅」を選択した者に対して，「どこで最期を迎えることを希望しますか。」との質問が行われた。この質問に対して，「自宅」を選択した者が最も多く，その割合は63.5％であった。また，「自宅」や「介護施設」を選択した者の割合は64.0％（自宅：63.5％，介護施設：0.5％）であった。一方，「医療機関」を選択した者の割合は3.4％であった[注15]（表3）。

本稿の題目とは直接の関係はないが，同居家族の有無別の結果を見ると，①②ともに同居家族の有無で結果に顕著な違いはないことがわかる

表2　医療・療養を受けたい場所

満年齢（歳）	医療機関　n（％）	介護施設　n（％）	自宅　n（％）	無回答　n（％）
20～29歳（n＝40）	10（25.0）	29（72.5）	1（2.5）	0（0.0）
30～39歳（n＝108）	20（18.5）	69（63.9）	19（17.6）	0（0.0）
40～49歳（n＝141）	33（23.4）	93（66.0）	11（7.8）	4（2.8）
50～59歳（n＝136）	37（27.2）	86（63.2）	11（8.1）	2（1.5）
60～69歳（n＝200）	67（33.5）	104（52.0）	20（10.0）	9（4.5）
70～79歳（n＝206）	65（31.6）	84（40.8）	42（20.4）	15（7.3）
80歳以上（n＝119）	42（35.3）	26（21.8）	40（33.6）	11（9.2）
全体（年齢回答者のみ）（n＝950）	274（28.8）	491（51.7）	144（15.2）	41（4.3）
全体（年齢無回答者を含む）（n＝973）	274（28.2）	496（51.0）	144（14.8）	59（6.1）

注14）調査票 問15　https://www.mhlw.go.jp/toukei/chousahyo/saisyuiryo/dl/h29-01.pdf

注15）医療・療養の場所として「自宅」を選択した者を対象とした質問であるため，「医療機関」を選択した者の割合が小さいことは，当然のことともいえる。

（表4，表5）。

　なお，認知症や人生の最期の場所については，一般論ではあるが，年齢が高くなるほど，人々はそれらをより身近な問題として捉えるようになると言える。このため，60歳以上の層に着目してみると，この層でも医療・療養の場所として「介護施設」を選択した者が最も多く，その割合は40.8％であった（表なし。以下，同様）。また，「自宅」や

表3　最期を迎えたい場所：年代別

満年齢（歳）	医療機関　n（%）	介護施設　n（%）	自宅　n（%）	無回答　n（%）
20 ～ 29歳（n＝1）	0（0.0）	0（0.0）	1（100.0）	0（0.0）
30 ～ 39歳（n＝19）	0（0.0）	0（0.0）	19（100.0）	0（0.0）
40 ～ 49歳（n＝15）	3（20.0）	0（0.0）	7（46.7）	5（33.3）
50 ～ 59歳（n＝13）	0（0.0）	0（0.0）	11（84.6）	2（15.4）
60 ～ 69歳（n＝29）	2（6.9）	1（3.4）	15（51.7）	11（37.9）
70 ～ 79歳（n＝57）	0（0.0）	0（0.0）	38（66.7）	19（33.3）
80歳以上（n＝51）	2（3.9）	0（0.0）	38（74.5）	11（21.6）
全体（年齢回答者のみ）（n＝185）	7（3.8）	1（0.5）	129（69.7）	48（25.9）
全体（年齢無回答者を含む）（n＝203）	7（3.4）	1（0.5）	129（63.5）	66（32.5）

表4　医療・療養を受けたい場所：同居家族有無別

同居家族	医療機関　n（%）	介護施設　n（%）	自宅　n（%）	無回答　n（%）
いる（n＝774）	230（29.7）	397（51.3）	115（14.9）	32（4.1）
いない（n＝154）	42（27.3）	78（50.6）	27（17.5）	7（4.5）

表5　最期を迎えたい場所：同居家族有無別

同居家族	医療機関　n（%）	介護施設　n（%）	自宅　n（%）	無回答　n（%）
いる（n＝147）	4（2.7）	1（0.7）	105（71.4）	37（25.2）
いない（n＝34）	3（8.8）	0（0.0）	23（67.6）	8（23.5）

「介護施設」を選択した者の割合は60.2％（介護施設：40.8％，自宅：19.4％）であった。一方，「医療機関」を選択した者の割合は33.1％であった。そして，上記のうち「自宅」を選択した者に着目すると，同じくこの層でも最期を迎えたい場所として「自宅」を選択した者が最も多く，その割合は66.4％であった。また，「自宅」や「介護施設」を選択した者の割合は67.1％（自宅：66.4％，介護施設：0.7％）であった。一方，「医療機関」を選択した者の割合は2.9％であった。

BOX 2 平成29年度調査で提示された事例

> **―あなたの病状―**
> 認知症が進行し，自分の居場所や家族の顔が分からず，食事や着替え，トイレなど身の回りのことに手助けが必要な状態で，かなり衰弱が進んできました。
>
> **―医療上の判断―**
> 「回復の見込みはなく，およそ1年以内に徐々にあるいは急に死に至る。」とのことです。

(5) 令和4年度調査

現時点（本稿執筆時点）では調査結果が公表されていない[注16]。

3) 一般国民の希望と実際の人生の最期の場所

過去5回の調査結果を概観すると，一般国民の中には，人生の最

注16) 近年，わが国では，国や医療関係団体によってACP（Advance Care Planning, 人生会議）に関する取り組みが進められるようになっている。この会議の実施により，人生の最終段階における病態等について患者や家族の理解が深まり，医療・療養の場所や人生の最期の場所として自宅を希望する者が（従来と比較すると）増える可能性がある。そして，病態等についての理解は，急変時の救急車の要請（医療機関への搬送）を減少させることにつながる可能性がある。また，この数年間については，COVID-19対策に係る面会制限を理由として，医療機関や介護施設ではなく，自宅を医療・療養の場所や人生の最期の場所として希望する者がいることを聞くことがある。

期の場所として医療機関以外を希望している者も多いことが推察される[注17), 18)]。

　冒頭で示したように，医療機関以外の場所には医師が常駐しているわけではないため，医師による死亡診断が迅速に行えないことがあるといった事情（典型として，医師が常駐していない離島で患者が最期を迎える場合）や，医師の診察を受けてから24時間を超えて死亡した場合に，「当該医師が死亡診断書を書くことはできない」または「警察に届け出なければならない」といった誤解[注19)]により，人生の最期が近づいた段階で希望に反して医療機関への入院を余儀なくされる患者がいることなどが報告されてきた。

　なお，当初の希望通りに患者が医療機関以外の場所で最期を迎えた場合でも，医師による死亡診断の遅延は，看護師による死後の処置の遅延や，看護師の待機時間の延長による他業務への影響，葬儀の準備の遅延など，様々な現実的な問題が生じることが報告されてきた。

3.（死亡診断・）死亡診断書の交付に関する医師法の規定の解釈と運用

　上記を踏まえて，以下では，（死亡診断・）死亡診断書の交付に関する医師法の規定（医師法19条2項，医師法20条）の解釈と運用につい

注17) 直近2回の調査については，注2。

注18) もっとも，回収率をみると，平成14年度調査から順に51.6％，50.5％，43.6％，16.2％となっており，特に直近の調査については回収率が低い。このため，調査結果と一般国民の意識の間に乖離があるかどうか，すなわち調査結果が一般国民の意識を真に反映したものであるかどうか，この点については注意を要する。また，回答者の割合に着目した場合に，仮に人生の最期の場所として医療機関以外の場所を希望する者の割合が多いとすれば，調査結果もそのことが反映されていることになろう。加えて，調査における質問文の表現によって回答結果が変わる可能性があることにも注意を要する。

注19) 医師法第20条ただし書の適切な運用について，厚生労働省医政局医事課長通知，平成24年8月31日，医政医発0831第1号

て解説する。

1）医師法の規定

(1) 医師法19条2項

医師法19条2項は,「診察若しくは検案をし,又は出産に立ち会つた医師は,診断書若しくは検案書又は出生証明書若しくは死産証書の交付の求があつた場合には,正当の事由がなければ,これを拒んではならない。」と規定し,医師の診断書や検案書等の交付義務について規定している。「診断書」とは通常の診断書および死亡診断書であり,「検案書」とは死体検案書および死胎検案書である[注20]。上記の文書は,社会的重要性が高いため（例えば,保険金請求や死亡届[注21],埋葬または火葬許可の取得[注22]）,医師に対して交付の義務を課している。

上記の死亡届について付言すれば,わが国の戸籍法は,同居の親族等（87条)[注23]に対して死亡の届出の義務を定めており（86条1項)[注24],届出の際には診断書または検案書の添付を求めている（86条2項)[注24]。

(2) 医師法20条

医師法20条は,「医師は,自ら診察しないで治療をし,若しくは診断書若しくは処方せんを交付し,自ら出産に立ち会わないで出生証明書若しくは死産証書を交付し,又は自ら検案をしないで検案書を交付してはならない。但し,診療中の患者が受診後二十四時間以内に死亡した場合に交付する死亡診断書については,この限りでない。」と規定し,診察

注20) 厚生省健康政策局総務課（編）医療法・医師法（歯科医師法）解（第16版）（医学通信社,1994)

注21) 戸籍法（昭和22年法律第224号）86条

注22) 墓地,埋葬等に関する法律（昭和23年法律第48号）5条1項及び2項

注23) 巻末資料（戸籍法87条）

注24) 巻末資料（戸籍法86条）

をせずに治療をすることや，診断書や処方せん[注25] を交付すること等を
禁止している。医師が診察をせずに治療をしたり処方せんを交付したり
すれば，患者に重大な危険が生じる可能性があるからである。また，診
察をせずに診断書等を交付するとそれらの内容の正確性を確保すること
ができない可能性があるからである。

　ただし，死亡診断書については，本条ただし書により，医師は，診療
中の患者が受診後24時間以内に死亡した場合には，診察をせずにその
交付ができる[注26]。診療中の患者が受診後24時間を過ぎて死亡した場
合には，死亡診断書の交付にあたり，医師は診察をすることが必要であ
る（図1）。

　なお，死亡診断書と死体検案書の区別については，死亡診断書は<u>診療
中の患者が死亡した場合</u>に交付するものであり，死体検案書は<u>診療中で
ない患者が死亡した場合（診療中であっても事故などの別の原因で死亡
した場合を含む）</u>に死後に死体を検案して交付するものである。

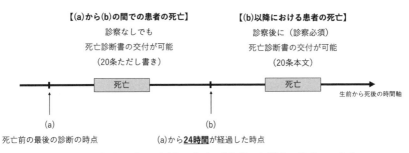

図1　死亡診断書の交付と患者死亡後の医師の診察の要否

注25）例えば，患者が医療機関の受付で「風邪をひいたようなので薬をください。診察は
　　　不要です」，「肩が痛いのでシップ薬をください。診察は不要です」などと言い診察を
　　　希望しない旨を述べたとする。この場合，医師が受付担当者経由で患者の希望を把握
　　　したとしても，医師が診察をせずに薬等を処方することはできない。

注26）この点について，「令和４年度版 死亡診断書（死体検案書）マニュアル」（厚生労働
　　　省，6～7頁）は，診察をせずに死亡診断書の交付ができるのはごく限られた場合で
　　　あることを示している。また，死亡診断書の内容に正確を期するため，死亡後改めて
　　　診察するよう努めることを求めている。

２）厚生省・厚生労働省による通知

　医師法20条ただし書については，次のように厚生省・厚生労働省によって通知が出されてきた。

(1) 医師法第20条但書に関する件（厚生省医務局長通知，昭和24年
　　　4月14日，医発第385号）
　厚生省は，昭和24年4月14日，医師法20条ただし書について，若干誤解の向きもあるようである，として，各都道府県知事宛ての医務局長通知（医師法第20条但書に関する件）を出した。本通知では，Box 3の通知が行われた。

BOX 3　　厚生省医務局長通知 医師法第20条但書に関する件（昭和24年4月14日，医発第385号）

> 1　死亡診断書は，診療中の患者が死亡した場合に交付されるものであるから，苟しくもその者が診療中の患者であった場合は，死亡の際に立ち会っていなかった場合でもこれを交付することができる。但し，この場合においては法第二十条の本文の規定により，原則として死亡後改めて診察をしなければならない。
> 法第二十条但書は，右の原則に対する例外として，診療中の患者が受診後二四時間以内に死亡した場合に限り，改めて死後診察しなくても死亡診断書を交付し得ることを認めたものである。
> 2　診療中の患者であっても，それが他の全然別個の原因例えば交通事故等により死亡した場合は，死体検案書を交付すべきである。
> 3　死体検案書は，診療中の患者以外の者が死亡した場合に，死後その死体を検案して交付されるものである。

(2) 医師法第20条ただし書の適切な運用について（厚生労働省医政局
　　　医事課長通知，平成24年8月31日，医政医発0831第1号）

　また，厚生労働省は，平成24年8月31日，「近年，在宅等において
医療を受ける患者が増えている一方で，医師の診察を受けてから24時
間を超えて死亡した場合に，『当該医師が死亡診断書を書くことはでき
ない』又は『警察に届け出なければならない』という，医師法第20条
ただし書の誤った解釈により，在宅等での看取りが適切に行われていな
いケースが生じているとの指摘がある」として，各都道府県医務主管部
（局）長宛ての医政局医事課長通知（医師法第20条ただし書の適切な運
用について）を出した。そこでは，医師法20条ただし書の運用について，
Box 4のように示されている。

Box 4　医師法第20条ただし書の適切な運用について，厚生労働省
医政局医事課長通知，平成24年8月31日

> 1　医師法第20条ただし書は，診療中の患者が診察後24時間以内
> に当該診療に関連した傷病で死亡した場合には，改めて診察を
> することなく死亡診断書を交付し得ることを認めるものである。
> このため，医師が死亡の際に立ち会っておらず，生前の診察後
> 24時間を経過した場合であっても，死亡後改めて診察を行い，
> 生前に診療していた傷病に関連する死亡であると判定できる場
> 合には，死亡診断書を交付することができること。
> 2　診療中の患者が死亡した後，改めて診察し，生前に診療してい
> た傷病に関連する死亡であると判定できない場合には，死体の
> 検案を行うこととなる。この場合において，死体に異状がある
> と認められる場合には，警察署へ届け出なければならないこと。
> 3　略

3）現実的な課題

　上記のように，医師法20条ただし書については医療現場で誤解が生
じることがあったとして，厚生省・厚生労働省によってその対応がなさ
れてきた。しかし，各種の報告を概観すると，その後も誤解が生じるこ

とがあるようである。

　また，医療現場での上記誤解が解消されたとしても，上記の2の3）で示した現実的な問題（医師による死亡診断の遅延による，看護師による死後処置の遅延，看護師の待機時間の延長による他業務への影響，葬儀の準備の遅延等の問題）は残る[注27]。こうした状況の中で，平成9年12月24日，厚生労働省による以下の通知が出された。

（1）情報通信機器を用いた診療（いわゆる「遠隔診療」）について（厚生省健康政策局長通知，平成9年12月24日，健政発第1075号）

　厚生省は，平成9年12月24日，「今後は，主治の医師又は歯科医師による直接の対面診療を受けることが困難な状況にある離島，へき地等における患者の居宅等との間で，テレビ画像等を通して診療を行う形態での遠隔診療が実用化されることが予想されるなど，遠隔診療の態様はますます多岐にわたるものと考えられる。遠隔診療のうち，医療機関と医師又は歯科医師相互間で行われる遠隔診療については，医師又は歯科医師が患者と対面して診療を行うものであり，医師法第20条及び歯科医師法第20条（以下「医師法第20条等」という。）との関係の問題は

注27）この点に関する諸外国の状況について，柳井圭子，看護師の役割拡大に向けて：「情報機器通信（ICT）を利用した死亡診断の補助」の看護ケア（日本看護倫理学会誌 12（1），20-29，2020）の中では，イギリスにおける看護師による死亡確認の状況が解説されている。また，同論文（21頁）の中では，イギリスのほか，スウェーデン，カナダなどで看護師による死亡確認が承認されていることが示されている。わが国でも，死亡の確認がなされれば死後処置等の対応が可能になるとして，看護師による死亡確認を認めようとする意見が出されることがある（例えば，厚生労働省 第9回新たな看護のあり方に関する検討会の議事録でもそのことを確認することができる。https://www.mhlw.go.jp/content/2003_01_txt_s0120-3.txt）。ただし，わが国では，制度上，死亡診断は医師が行う行為と解されてきたことを踏まえると，現行法の下では，看護師による死亡確認を認めることについては慎重に検討する必要があるように思われる。また，死亡診断の際には，医師は，呼吸停止，心拍停止，瞳孔散大という三徴候の確認のみではなく，医師法21条に関する判断も行っており，上記の検討においては現行の看護教育の内容にも着目することが重要であろう。

148

生じないが，患者の居宅等との間で行われる遠隔診療については，医師
法20条等との関係が問題となる。」として，各都道府県知事宛てに上記
の通知を出した。この通知では，遠隔診療についての基本的考え方，お
よび患者の居宅等との間の遠隔診療を行うに際して，医師法20条等と
の関係から留意すべき事項が示されている。

　基本的考え方については，「診療は，医師又は歯科医師と患者が直接
対面して行われることが基本であり，遠隔診療は，あくまで直接の対面
診療を補完するものとして行うべきものである。」旨が示されると共に，
「医師法第20条等における「診察」とは，問診，視診，触診，聴診その
他手段の如何を問わないが，現代医学から見て，疾病に対して一応の診
断を下し得る程度のものをいう。従って，直接の対面診療による場合と
同等ではないにしてもこれに代替し得る程度の患者の心身の状況に関す
る有用な情報が得られる場合には，遠隔診療を行うことは直ちに医師法
第20条等に抵触するものではない。」との考え方が示された。

(2)　規制改革実施計画（平成28年6月2日，閣議決定）

　また，平成28年6月2日には，規制改革実施計画[注28] が閣議決定さ
れた。その際，健康・医療分野の重点事項として「在宅での看取りにお
ける死亡診断に関わる手続の整備」[注29] が掲げられ，所管省庁を厚生労
働省として，平成28年度に検討を開始し平成29年度に結論・措置に至
るとする計画がなされた[注30]。

注28)　規制改革を総合的に調査審議する内閣総理大臣の諮問機関である「規制改革会議」
　　　が平成25年1月に設置された。平成28年5月19日には「規制改革に関する第4次答
　　　申」が内閣総理大臣に提出された。ここで示された規制改革事項について，「期限を切っ
　　　て取り組む事項として確定することにより，その着実な実施を図る」として定められ
　　　たのが，規制改革実施計画である。

注29)　健康・医療分野の重点事項としては，①在宅での看取りにおける規制の見直しのほか，
　　　②薬局における薬剤師不在時の一般用医薬品の取扱いの見直し，③診療報酬の審査の
　　　効率化と統一性の確保，④一般用医薬品及び指定医薬部外品の広告基準等の見直しが
　　　掲げられた。

その際，「在宅での穏やかな看取りが困難な状況に対応するため，受診後24時間を経過していても，以下のａ～ｅの全ての要件を満たす場合には，医師が対面での死後診察によらず死亡診断を行い，死亡診断書を交付できるよう，早急に具体的な運用を検討し，規制を見直す。」ことが示された。

ａ．医師による直接対面での診療の経過から早晩死亡することが予測されていること

ｂ．終末期の際の対応について事前の取決めがあるなど，医師と看護師の十分な連携が取れており，患者や家族の同意があること

ｃ．医師間や医療機関・介護施設間の連携に努めたとしても，医師による速やかな対面での死後診察が困難な状況にあること

ｄ．法医学等に関する一定の教育を受けた看護師が，死の三徴候の確認を含め医師とあらかじめ取り決めた事項など，医師の判断に必要な情報を速やかに報告できること

ｅ．看護師からの報告を受けた医師が，テレビ電話装置等のICTを活用した通信手段を組み合わせて患者の状況を把握することなどにより，死亡の事実の確認や異状がないと判断できること

（3）情報通信機器（ICT）を利用した死亡診断等ガイドライン（平成
　　29年9月，厚生労働省）^{注31)}

　そして厚生労働省は，平成29年9月，情報通信機器（ICT）を利用した死亡診断等ガイドラインを作成し，上記（1）については，死亡診断書を交付する場合にも適用されるとし，「医師が死亡に立ち会えず，生前に診療にあたっていた医師が死後診察を行う場合であっても，直接

注30）規制改革実施計画（平成28年6月2日，閣議決定）https://www8.cao.go.jp/
　　kisei-kaikaku/suishin/publication/160602/item1.pdf
注31）情報通信機器（ICT）を利用した死亡診断等ガイドライン（平成29年9月，厚生労
　　働省）https://www.mhlw.go.jp/content/10800000/000527813.pdf

対面による死後診察に代替し得る程度の情報が得られる場合には，ICT
を用いて遠隔から死亡診断を行うことは法令上可能である。」と述べた。

　その上で，「しかし，通常の生体に対する診察と異なり，死後診察に
おいては「どのような条件下であれば，直接対面による死後診察に代替
し得る程度の情報が得られるか」が必ずしも明らかでなく，実質的に死
後診察を遠隔で行うことができない状況にある。」として，情報通信機
器（ICT）を利用した死亡診断等を行うことができる条件を示した。

　ガイドラインの詳細の記述は省略するが，ICTを利用した死亡診断
等を行う際の要件として，上記（2）のa〜eの5つが示されている。
そのうち，例えば，「a．医師による直接対面での診療の経過から早晩
死亡することが予測されていること」については，ICTを利用した死
亡診断等を行うためには，医師が，対象となる患者に対し「生前に直接
対面での診療」を行っていなければならないことや，「生前の直接対面
での診療」は，死亡前14日以内に行われていることを要することが示
されている。また，a要件にいう「早晩死亡することが予測される」と
は，以下の①〜④全ての要件を満たすことが示されている。

①死亡の原因となりうる疾患に罹患していること
②その疾患ないしその疾患に続発する合併症により死亡が予測されて
　いること
③突然死（発症後24時間以内の病死）ではないこと
④生前の最終診察時に，医師が早晩死亡する可能性が高いと判断し，
　その事実を看護師，患者及び家族に説明していること

　また，「b．終末期の際の対応について事前の取決めがあるなど，医
師と看護師と十分な連携が取れており，患者や家族の同意があること」
については，ICTを利用した死亡診断等を行う趣旨は，看取りに際して，
住み慣れた場所を離れ医療施設に入院したり，死亡後に遺体を長時間保
存・長距離搬送したりすることを回避することにあるとして，「①終末
期の際に積極的な治療・延命措置を行わないこと」について確認されて
いることが必要であることなどが示されている。

（4）誤解の解消・新たな法運用と，現場での現実的課題の解消に向け
　　た継続した検討の必要性

　以上のようにして，医師法20条ただし書に関する誤解は解消されつ
つあり，また迅速な死亡診断・死亡診断書の交付のための新たな法運用
もなされるようになっている。こうした対応によって，上記の2の3）
で示した医療現場での現実的課題は（程度の問題はあるものの）減少し
ていると言える^{注32）, 33)}。

　ただし，現場から示されてきた課題の全てが解消されたわけではな
い。例えば，ICTを利用した死亡診断については，全ての医療機関外
死亡がその対象となるわけではなく，患者や家族が積極的な治療・延命
措置を希望している場合には対象とならない。また，要件となっている
ICT環境の整備の問題もある。

　以上のように，医療機関外での死亡における迅速な死亡診断・死亡診
断書の交付に関する課題については，引き続き検討を要することが少な
くない。

4．まとめにかえて

　本稿は，認知症患者の看取りに関する様々な課題を検討するための特
集の中で，人生の最期の場所と死亡診断・死亡診断書に係る課題を取り
扱うことを目的とするものであった。筆者の専門領域である法学との関

注32）なお，情報通信機器（ICT）を利用した死亡診断等ガイドラインでは，遠隔からの
　　死亡診断等を実施した場合は，厚生労働省に報告することとなっている。ただし，報
　　告数は公表されていないため（筆者による厚生労働省への問い合わせに対する回答），
　　現状は不明である。
注33）令和4年度診療報酬改定において「遠隔死亡診断補助加算」（1,500円）が新設され
　　た。本制度が現場活動へどのような影響をもたらすか，今後の実態把握が待たれると
　　ころである。
　　令和4年度診療報酬改定の概要（厚生労働省保険局医療課）211頁，https://www.
　　mhlw.go.jp/content/12400000/001079187.pdf

係では，医師法20条の解釈・運用に関する問題だけではなく，事前指示の法的効果や運用に関する課題など，認知症患者の看取りに関係する課題は他にも多くある。その事前指示に着目してみても，認知症の病態も軽度のものから重度のものまであり，また事前指示のうち口頭指示については，しばしばその内容に変更があるとすれば，それらにどのように対応すべきか，検討すべき課題は少なくない。

　わが国では認知症高齢者の数が増加しており，その数は2025年には約700万人（65歳以上の高齢者の約5人に1人）に達すると推計されている。こうした状況の中で，法との関係でも理論的・実践的検討がますます重要になっていることを示し，まとめにかえる。

資料　戸籍法（昭和22年法律第224号）

第八十六条　死亡の届出は，届出義務者が，死亡の事実を知つた日から七日以内（国外で死亡があつたときは，その事実を知つた日から三箇月以内）に，これをしなければならない。

②　届書には，次の事項を記載し，診断書又は検案書を添付しなければならない。

　一　死亡の年月日時分及び場所

　二　その他法務省令で定める事項

③　やむを得ない事由によつて診断書又は検案書を得ることができないときは，死亡の事実を証すべき書面を以てこれに代えることができる。この場合には，届書に診断書又は検案書を得ることができない事由を記載しなければならない。

第八十七条　次の者は，その順序に従つて，死亡の届出をしなければならない。ただし，順序にかかわらず届出をすることができる。

　第一　同居の親族

第二　その他の同居者

　　第三　家主，地主又は家屋若しくは土地の管理人

②　死亡の届出は，同居の親族以外の親族，後見人，保佐人，補助人，
　　任意後見人及び任意後見受任者も，これをすることができる。

第 8 章

公益財団法人 医療科学研究所

2021 年度自主研究事業
「美しき有終」プロジェクト
最終報告書

認知症末期の本人の意向を尊重した意思決定支援モデルの探索的研究

2022 年 3 月

目次

Ⅰ．概要

　20世紀後半，日本人の死亡場所の約4分の3は病院となり，高度な医療技術で疾患の治療や延命を追い求めた先にある死は，必ずしも人の望む最期とならないことが露呈した。21世紀初頭の生命倫理的な議論を経て，人生の最期に対する社会の価値観は，生命予後の重視からQuality of Life（QOL）・Quality of Dying and Death（QODD）の重視へと展開してきた。その実現に向けて医療や介護の環境が整備され，ケアの知識・技術の普及が進められる。また，人生の最期にあるQOL・QODDを決めるのは個人の価値観であり，その意思決定を支える方法が標準化され，普及しつつある。

　認知症の終末期ケアはこれまで光の当たりにくい領域であった。かつて，自分自身を表現できなくなった認知症患者は「問題行動」を起こせば身体拘束され，誤嚥を起こせば胃ろうが造設され，ケアの適切さや本人の意向は黙殺された。疾患の特性によるケアの難しさと同時に，社会の理解が得られず，本人が擁護されないため，尊厳ある最期は遠かった。認知症末期のように，周辺化されやすい特性のある集団に対する終末期ケアを形作ることは，誰もが安心して最期を迎えられる社会を作るために不可欠である。

　近年，アルツハイマー型認知症を中心とした認知症疾患の病理や臨床像の解明が進み，治療やケアが体系化され，社会の認知症に対する理解も進んできた。また，自己決定の尊重やアドバンスケア・プランニング（ACP）など，自律尊重原則に基づいた終末期の意思決定の価値観とその支援方法が浸透しつつある。この2つが発展して交差する点にあるのは，認知症の終末期の意思決定支援であろう。認知症の理解と自律を尊重する支援が終末期ケアにおいて重なれば，本人を擁護し，本人の基準でケアを選択し，身体的・社会的に脆弱な認知症末期であっても尊厳ある最期の実現につながる。

2021年度の本プロジェクトは，QOL・QODDを重視した「望ましい最期」を個別に実現するための岐路となる終末期の意思決定に焦点を当てた。進行した認知症の患者が，生活・療養して最期を迎える代表的な3つの場である医療療養病床・特別養護老人ホーム・在宅ケアを調査して，認知症末期にある人の意向を尊重した意思決定支援とはどのようなものか，どのような環境・仕組みを作って実践しているのか明らかにした。

　認知症末期の本人を尊重した意思決定支援とは，(1) 生活と最期を連続的に捉えて，(2) 本人・家族・専門職が協働することを基盤に，日常の細々とした選択でも終末期の医療・ケアでも共通の「本人らしさ（今の本人が感じるであろう豊かさや幸せ）」の基準で意思決定するものだった。

　そのための実践とは，(3) 本人が発する情報を多相的・多面的に集めて話し合い，「本人らしさ」の基準を理解すること，(4)「本人らしさ」の基準を用いて，日常のケアに関する小さな意思決定を繰り返して家族と専門職が代理意思決定の練習をすること，(5) より重大な意思決定では，「本人らしさ」の実現に影響する家族の心理や事情を調整すること，だった。

　上記5つのテーマから成る意思決定支援モデルを実行するための環境や仕組みには，次の4つの要素があった。それは，人の生活と最期に専門職が真摯に向き合う環境，チームで協働する環境，部署やサービスの垣根を越えて継続支援する仕組み，日常の直接支援にあたる介護士や看護師が担当者として本人・家族と向き合う仕組み，だった。このような環境と仕組みによって，チームとして本人・家族に伴走し，個別の支援に熟練した。

　明らかになった意思決定支援は，生活と最期を連続的に捉えて支援する中で，一人の人がどのように今の状況に至って，今をどのように生きているか，という理解を醸成し，それに続く生や死を選びとる支援と

いうことができる。本研究は，その方法を構造化して実践的なモデルで示した上で，実行するための環境や仕組みにも言及した。

　このモデルのもたらす価値は，認知症が進行して自分の言葉で意思表示することが難しい終末期にあっても，本人が意思決定に参加し，医療や介護の専門職が家族と協力して本人の意向を汲み取り，実現する支援の指針となることである。それによって，本人が望まない医学的処置を受けることを防ぎ，身体の衰えに抗わない「自然」な最期を実現すると同時に，家族が代理意思決定で感じる不安や葛藤を緩和して，死を受容することの支援にもなる。また，専門職自身は支援において直面する倫理的な葛藤を緩和することになるであろう。

　今回明らかになった知見はわずかだが，認知症末期という特性に対応し，困難な状況にある認知症の人たちの支援に光を当てるものである。認知症が進行して寝たきりになり，生活や医療の全てを他人に委ねざるを得なくなった時にも，適切な支援を受けて，望んだ最期を迎えたい。そのための岐路となる意思決定の支援が，本人の参加を促し，本人の基準で選択するものであることは，人の尊厳ある最期に資するものである。

ファカルティフェロー
　池上 直己　　久留米大学客員教授／慶應義塾大学名誉教授
コアメンバー
　髙木 安雄　　慶應義塾大学名誉教授
　石橋 智昭　　ダイヤ高齢社会研究財団研究部長
　星芝 由美子　三菱UFJリサーチ＆コンサルティング主任研究員
　廣岡 佳代　　東京医療保健大学講師
プロジェクト研究員
　津田 修治　　医療科学研究所研究員

Ⅱ．背景

なぜ認知症の意思決定に注目するのか～ 2020 年度に実施した文献レビューからのつながり

　「美しき有終」プロジェクトでは，誰もが望ましい最期を迎えられる社会を実現する研究を 2020 年より行ってきた。その中で，認知症のある人たちの最期に注目してきたのは，日本人の 4 人に 1 人の死亡は認知症があると推算されるほどに患者数が増え続けていること[1]，それ以上に，認知症末期の人たちは社会的に脆弱な立場に置かれ[2]，尊厳ある最期の実現が困難な一群であるためだった。認知症が進行して寝たきりになり，生活や医療の全てを他人に委ねざるを得なくなった時に，適切な支援を受けて，本人が望んだような最期を迎えるためには，家族や医療介護専門職，社会の理解が不可欠である。このことを端的に示したのは，望まない胃ろうや延命の問題[3]であり，現在の新型コロナウイルスのパンデミックであろう。新型コロナウイルス感染症による死亡者のうち 4 割は，認知症高齢者が大半を占める高齢者介護施設の入所者で[4]，認知症は重症化や死亡の独立したリスクであった[5]。地域の医療リソースが枯渇する中で高齢者介護施設が孤立して，必要な医療が届かないこと，感染した入所者は入院できず，家族と面会できない最期を迎えたこと，など世界各地で問題が表面化した[6-9]。

　2020 年度には，本プロジェクトにて日本の認知症末期のケアに関する学術論文 40 件のレビューを行った。生命予後の改善から Quality of Life（QOL）・Quality of Dying and Death（QODD）の重視という政策的転換[10]に呼応して，認知症末期の支援の考え方や実践の転換が進んでいるのか，どうすれば進めることができるか検討した。結果，医療介護専門職は QOL・QODD の重視に価値観のレベルで賛同するものの，近年のケアの実践や研究において，検証内容・方法に必ずしも反映していなかった。例えば，認知症末期における生命予後や身体症状・医療処置の実施頻度などを量的に調査した研究は多く認めたが，QOL・

QODDなど本人の体験を評価した研究は非常に限られた。また，個別のケースにおいて生命予後の重視か，QOL・QODDの重視かを決めるのは本人の意向だが，レビュー対象論文のうち意思決定に関する研究論文7件では，代理意思決定者としての家族の葛藤の経験や心理的負担に焦点が当たった。本人の自律的な意思決定能力が失われていく中で，家族等がどのように本人の意向を汲み取って代弁するか（自律性を維持するか）という視点が，認知症末期の本人にとって個別の望ましい最期を実現する視点である[11]。この視点は，認知症末期にある本人が望まない胃ろうや延命などを強制されることを回避することにつながり，同時に，家族等の代理意思決定者の葛藤や負担感を緩和することにもなるだろう。この文献レビューの結果を受け，2021年度の本プロジェクトは，QOL・QODDを重視した「望ましい最期」を個別に実現するための岐路となる意思決定に焦点を当て，認知症末期にある人が尊厳ある最期を迎えるための支援を検討した。

認知症の疾患軌道と終末期

　認知症疾患では，疾患の進行に従って認知機能の低下と身体機能の低下が進み，その影響が徐々に生活全般に広がる[12]。初期の症状は記憶や注意の障害とそれに伴う社会活動の困難だが，中期になると家庭内の生活全般の判断が難しくなる。その頃には身体機能の低下も出現し始めることが多く，入浴など生活での活動に困難が生じてくる。さらに進行すると，生活での判断と実行の困難が生活全般に現れて，いわゆる「寝たきり全介助」の状態に至る。終末期には，言葉でのコミュニケーションや意思表示の大半が困難で，摂食・嚥下機能にも影響が及び，誤嚥性肺炎などの感染症を繰り返す。認知症のある人たちは，このような経過を5年から10年かけてたどり死にいたる[13]。

　認知症の疾患軌道は，積極的治療の適応がなくなった後でも死亡の1〜2ヵ月前までADL（日常生活動作）が保たれて自律した生活を送ることができるがんの疾患軌道とは非常に対照的である[14]。認知症は，終

末期医療の変革や緩和ケアの発展を先導したがんとは疾患の特性が異なるため，それに対応した特異的な終末期の支援が必要である。

　認知症が進行して寝たきりやそれに近い状態になってから平均2年の余命がある。しかし，どこからが「終末期」なのか，がんの終末期のように比較的明瞭な定義をすることはできない。様々な研究で採用された認知症の終末期の記述的な定義を比較すると，それらが示す状態は死亡前の1ヵ月程度と規定するものから1年やそれ以上前の状態を含む定義もあった[15]。また，Global Deterioration Scale[12]などの身体・認知機能を基準にしたステージ分類を用いた定義も，7段階で7の非常に重度の認知症だけを終末期と定義したものから，6の重度や5の中等度を含めるものまであった[15]。定義が一定しない理由は，ステージ分類が示すような順序で機能低下が進行するわけではないこと，同じステージに分類されても実際の生命予後には月から年の開きがあること，終末期に分類されても感染症の治療への反応性が異なることなど，現実は個人差が非常に大きいためである。このように疾患経過が多様な認知症では，終末期を時期として区切ってホスピスのような場で集中的に緩和ケアを提供するというアプローチではなく，認知症が進行すると死に至るがその原因や期間は様々という認識の下で，生活・療養の場において個別に緩和ケアニーズを満たすアプローチが適切だとする見方が近年広く受け入れられている[15, 16]。

　本稿では認知症末期を厳密に定義しないが，便宜的に，7段階のGlobal Deterioration Scaleで6または7に該当する重度または非常に重度の認知症の状態で過ごす最後の1年程度の時間という理解の下で議論を進める。なお，認知症末期に至る前，例えば認知症中期に併存するがんや心不全などの致死的慢性疾患の末期のために死亡する例も多い。その場合の意思決定支援にも難しさがあり，研究の対象となっている。しかし，本研究では，認知症の疾患軌道の末期における特有の意思決定の課題と支援に注目したため，それ以外の疾患軌道の終末期にある認知症併存のケースについては扱わない。

認知症末期の意思決定の特徴

　認知症の疾患軌道の特徴について，認知症末期の意思決定という点から 2 つの課題がある。それは，認知機能・身体機能が低下した状態で過ごす時間が長いため，死亡の何年も前から本人の言葉による意思表示が困難な状態にあること，そして，進行したフレイルの状態は些細な身体的問題を繰り返すため，回復の可能性や死亡時期の予測が困難なこと，である[14, 15]。結果，その場で本人の言葉による意思決定は期待できず，家族等による代理意思決定に大きく依存することになる。また，経過の不確実性は代理意思決定者の迷いや，選択に対する罪悪感を生じ得る[17]。このように，認知症末期の意思決定は，家族等の代理意思決定者の関与を前提とし，代理意思決定者の倫理的葛藤や心理的葛藤の可能性を孕む。

　代理意思決定で起こり得る倫理的葛藤を解決するために，臨床倫理の基本原則に沿った意思決定の基準が採用される。それは，本人を最もよく知る家族等が推定した本人意思（substitute judgement standard）と，多職種で話し合った本人にとっての最善（best interest standard）が代表的である。前者は，本人が選んだ代理意思決定者が本人意思を推定することで自律尊重原則を維持する試みである。後者は，善行原則に基づいて本人の利益を最大化する方法である。厚生労働省のガイドラインは，本人の意思が不明の時に，推定意思，本人にとっての最善の順に優先する[18]。つまり，自律尊重原則を最良の原則としている。

　自律尊重原則をさらに強固にする方法として，アドバンスケア・プランニング（ACP）が近年注目される[19]。ACPは，本人が価値観や人生の目的，将来の治療についての選好を医療者や家族等と話し合い，終末期に意思表示できない局面でも自分の価値観や選好に沿った治療を受けられることを目標とする[20]。自律尊重原則に基づいて自己決定や本人の意思を未来に広げて適応する。

　ACPの効果は多くの臨床研究で実証され[21, 22]，臨床応用が加速しており，認知症のある人たちに適応を拡大する試みが進む。認知症での

ACPの効果が示される一方で[23,24]，その限界も指摘される。未来のことを想像して相談するような高度な認知機能は認知症の早期から低下するため，ACPの実行時期に課題がある[25,26]。認知症の進行に従って生じる課題に対応して，どう生きるか，どう生活するかという相談と選択がその時々の関心事であり，差し迫っていない上に心理的に抵抗感のある死についての話し合いは先延ばしされやすい。また，ACPを実施していても，遠い過去の本人の考えを現在の問題に適応してよいかの判断にも明確な答えはない[25,26]。病気を経験するにつれて，終末期の治療に対する本人の気持ちや考えは当然変わり得るためだ。

　このような理由から，たとえ過去にACPが行われていても，認知症末期にはACPに基づいて家族が代理意思決定をする必要がある[25]。家族等による代理意思決定とACPは，認知症において，本人の意向に沿った人生の最期を実現するための相互補完的な手段だと考える必要がある。

意思決定支援と家族

　認知症末期の意思決定には家族等の代理意思決定者の関与が多くの場合に必要となる点を述べた。厚生労働省が2017年に実施した人生の最終段階における医療に関する意識調査によれば，死が近い場合の医療・療養の選好について話し合ったことのある人たちの95％は家族と話していた[27]。大半の国民は代理意思決定者として家族を想定する。ところが，認知症末期の代理意思決定において，本人の意思を家族が逸脱することがあると指摘される[28]。家族が家族自身の利益を優先するためだけでなく，家族の理解不足や心理的負担の影響があるためだ。多くの家族にとって，認知症のある人を介護して看取ること，本人に代わって意思決定をすることは，初めての体験である。そのため，認知症の本人の状態を適切に理解することが難しく，死を予想して悲嘆し，代理意思決定の責任に不安を感じる[25]。そもそも認知症が死に至る疾患であることの認識や，典型的な認知症の最期は肺炎などの感染症であるという基

本的知識を持たないことも多い[29]。代理意思決定者となる家族には十分な支援や教育が必要である。

　家族中心的な価値観のある日本では，認知症末期の本人の意思を家族が逸脱する傾向は高まる可能性がある。本人の意思決定に対し，家族が積極的に影響を与えることが一般に受け入れられており，たとえ本人が意思表示できる状態であっても家族の意向が本人の意思を乗り越えることさえあるためだ[30]。このような文化的実践は，個人主義的な傾向の強い欧米の理論や知見を参考にした厚生労働省のガイドライン[18]に沿った実践とは，必ずしも合致しない可能性がある。ガイドラインは，家族等の代理意思決定者を，本人を代弁する存在という前提で扱う。また，代理意思決定者について法的な根拠を持たないため，このような家族間の不調和は現場の裁量と対処に依存する[31]。結果，まずは家族を支援・教育することによって，何らかの対処を試みることとなる。

認知症末期の意思決定の範囲

　認知症末期の不確実な経過では，ステージを定めてパッケージ化した支援アプローチではなく，ニーズを満たす支援アプローチが大切になる[15]。本人のニーズとは，医療的ケアに限定されるものではない。どんな最期を迎えたいか共通項をまとめた「望ましい最期（good death）」の概念は，自分で治療を選択する，無益な治療を受けない，痛みや精神的な苦痛がない，など医療に関することと同時に，望んだ場で過ごす，家族からの心理的サポートがある，他者に迷惑をかけない，など生活に関することも含む[32]。認知症の「望ましい最期」に特徴的な項目は，馴染みの人や物に囲まれた時間，本人を中心にしたコミュニケーションや生活とされる[33]。個別性のある生活はQOLに寄与し，個別性のある生活を選ぶことは本人のアイデンティティを保つことに大きな役割を果たす[34,35]。何を食べるか，何を着るか，どのようにその日を過ごすか，日常の一つずつの行為について好みと選択があるが，認知症末期においてその選択には他者の支援を要する。認知症末期の意思決定支援の対象に

は，医療的ケアの選択のみならず，介護や生活についての選択も含める必要がある。このことは，厚生労働省の「人生の最終段階における医療・ケアの決定プロセスに関するガイドライン」が直近の改訂で，「ケア」をその対象範囲に広げた通りであろう[18]。

本人の認知（awareness）

　では，進行した認知症の人たちが日常の細々とした物事の違いなどをどこまで認知しているのかという疑問が生じる。感覚・知覚レベルの認知と反応，つまり，触られる，音楽を聴く，食事介助を受けるなどの外部からの直接刺激に対し表情などで感情表出することは，非常に重度で死が近づいた認知症の人たちでも維持されている[36]。それよりも複雑なレベルの認知，つまり，出来事を観察して認識するレベルや，自分自身の身体機能や置かれた状況を認識する認知については，ADLに一定以上の支援が必要な（7段階のGlobal Deterioration Scaleで6の重度認知症にあたる）認知症のある人たちでも部分的に残っていることがある[36]。注意すべき点は，このような認知や反応の機能は，本人の認知症の重症度という病理的な要因だけに規定されるものと理解されがちだが，そうではなく，心理社会的要因によって影響を受ける。つまり，本人の日々の心身状態や，介護者の接し方・環境によって，本人の認知や反応の表出の機能は促進されることもあれば，阻害されることもある。例えば，「普段ほとんど何も反応しなくなった認知症末期の人だけど，孫が面会に来たら表情が和らいで，声を発した」などというエピソードは，このことを表しているのだろう。

Ⅲ．目的

　本人が言葉で意思表示することが難しい認知症末期の意思決定は，多くの場合に家族等の関与を要する。また，本人が認知するであろうQOL・QODDの観点からは，医療処置だけでなくケアや生活につい

ても適切な選択が大切である。このような条件を満たしながら，本人を尊重した意思決定を行う支援方法を検討する必要がある。その意思決定支援とは，医療処置に対する意思決定を中心に，自己決定を基本とする態度でまとめられて発展してきた一般の終末期の意思決定支援とは異なるものであろう。

　本研究は，認知症末期の治療やケアなどの意思決定において，本人を尊重した意思決定支援の実践的モデルを明らかにし，その支援モデルを実行するための環境や仕組みを記述することを目的とした。そのために，次の2つのリサーチクエスチョンを立てた。

① 認知症末期の人を尊重した意思決定のために，専門職はどのような意思決定支援をしているか。

② その意思決定支援を実行するための環境や仕組みにはどのような特徴があるか。

Ⅳ．方法

　本研究は，横断的質的研究の研究デザインを採用した。具体的には，認知症の療養や終末期ケアで先進的な施設において，施設の概要やサービスに関する質問票および，職員へのインタビュー調査を実施し，テーマ分析の方法で，通底するテーマを明らかにした。研究の目的や方法，手順，使用する書類は全て医療科学研究所倫理委員会の許可を得てから研究を実行した。対象施設での調査依頼をして承諾を得た上で，インタビュー対象者一人ずつに書面および口頭で研究について説明し，書面で同意を得た。

1. 対象施設

　調査施設は層別化した目的サンプリングの方法[37]で選んだ。医療療養型病床，特別養護老人ホーム，在宅ケアを提供する診療所または病院，の3つの施設種別で層別化して，各層から2施設ずつ選び，合計6施設

を調査対象とした。施設の選定基準は，認知症の生活支援や終末期ケアに力を入れる施設で，その取り組みのリーダーが学会などの職能団体や一般に対して積極的に発言していることとした。基準を満たす施設について，プロジェクト内外の研究者を通して紹介を受けた。候補の施設を目的に照らしてプロジェクトメンバーで検討して，極端な例と考えられる施設を除外した。

　3つの施設種別の選択理由は，病院・介護施設・自宅という，進行した認知症の人たちが生活・療養して最期まで過ごす場の中で，代表的な施設・サービスという点である。認知症高齢者の介護施設という点では認知症対応型共同生活介護（グループホーム）も有力な選択肢だったが，認知症末期を対象とする研究目的に鑑みて，より適切なのは特別養護老人ホームだと判断した。グループホームでは中等度の認知症高齢者が多く暮らし，看取りよりも共同生活を通した生活支援の充実に職員の関心が集まりやすく，医療職の配置も規定されていない。また，施設規模の点からも看取りの絶対数が限られ，終末期の意思決定の経験も多くないと考えられた[38]。

　生活・療養の場での意思決定支援は，現場で実践されてきたものだが，厚生労働省のガイドラインが2018年の改訂で初めて「医療・ケア」を併記したことが示すように，その重要性が認識されたのは最近のことである。そのため，先行して取り組み，その実践を積極的に発信する施設を調査して，そこで蓄積された豊富な経験とそれに基づく考えを聞き取ることが研究の目的・リサーチクエスチョンに照らして適切な方法と判断した。

2. インタビュー対象者

　上記の対象施設の管理者および認知症末期のケアや意思決定支援を提供する専門職3～4名をインタビューした。まず，対象施設で認知症の生活支援や終末期ケアに取り組むリーダーに連絡をとり，インタビュー対象者の推薦を受けた。その際，研究の目的やインタビューの内

容に照らして，施設での取り組みやケースを話すために適切かどうか，また，専門職として10年程度以上の実践経験があるかどうかを基準とし，専門職の職種が偏らないように推薦を依頼した。

　直接支援にあたる複数の職種から経験や考えを聞くことで，対象施設での実践と仕組み，その背後に共有している考え方を多角的に調べた。また，医療と介護の多職種からの情報を得ることで，医療だけでなくケアや生活についての意思決定を含めて，終末期における意思決定支援を広く扱うことを意図した。インタビュー対象となった医療介護の従事者を，資格の有無にかかわらず「専門職」と総称した。

＜対象施設とインタビュー対象者の概要＞

　対象施設とインタビュー対象者の一覧を付表A，付表Bにそれぞれ示す。6つの施設から合計29名がインタビューの対象者となった。調査依頼の拒否は1施設あったが，その理由は新型コロナ感染症の流行への対処のための多忙だった。

　医療療養病床の2施設は，病床数がそれぞれ53，40の病棟で，病棟に介護士，看護師，リハビリテーションの専門職を配属した。病棟内で年間50名前後の死亡があり，その4割は認知症患者だった。片方の施設には病院倫理コンサルテーションがあること，もう一方は全職員を対象にユマニチュード[i]の研修を実施することが特徴的だった。双方とも，病院内や併設施設において他の病床や外来だけでなく，訪問看護や居宅介護支援など在宅サービスを提供していた。

　特別養護老人ホームの2施設は，定員数50名と103名で規模に違いがあった。両者にはスタッフの配置の違いがあり，規模の大きい特別養

---

i ユマニチュードとは，認知症のある人に対して，その人を大切にしていることを具体的に示しながら接するケア・コミュニケーション技法のこと。「見る技術」「話す技術」「触れる技術」「立つ技術」の4つの柱となる技術を組み合わせて用いることで，言語・非言語コミュニケーションを促進し，被支援者と支援者の間で良好な関係構築を助ける。

護老人ホームBは，看護師を手厚く配置して，医師が常勤した。年間の看取りの人数はそれぞれ14名，19名で，いずれも認知症のある入所者だった。両施設とも，看取りのカンファレンスや死亡後の振り返りのカンファレンスを全例実施するなど，看取りケアのための仕組みや職員教育に力を入れていた。

　在宅ケアの2施設について，在宅ケアAは認知症疾患医療センターの指定を受ける診療所，Bは機能強化型在宅支援病院の認定を受ける小規模病院だった。いずれの施設も施設内の在宅ケアチームは小規模で，在籍する看護師，医師ともに5名未満だった。施設での年間の在宅看取り数はそれぞれ2名，13名と少ないが，その理由は，がんの在宅患者がほとんどおらず，ほぼ全ての看取りが認知症患者であったこと，また，医療的介入が増えた場合などは，同一法人が設置する，より大規模な診療所からの在宅ケアに切り替えたり，同病院の病棟に入院したりするためだった。いずれの場合も，医師や看護師がそれらの診療所や病棟での診療を兼務しており，継続的に受け持つことができるような仕組みを作っていたのは特筆すべき点だった。

　インタビュー対象者は，看護師10名，社会福祉士6名，医師6名，介護福祉士5名，ケアマネジャー1名，理学療法士1名の合計29名だった。専門職としての経験は全員10年以上あり，7割は20年以上だった。各施設からの対象者の職種が重複することもあったが，1施設あたり2職種から4職種の専門職がインタビューに応じた。対象者が紹介した認知症末期のケースを大きく分類すると，家族と専門職が一緒に本人の意向をうまく汲み取った9ケース，家族の病状理解に課題があった5ケース，家族の死の受容に課題があった5ケース，家族と専門職の間の関係構築に課題があった5ケース，家族等の代理意思決定者が不在だった3ケース，家族内の関係性に課題があった3ケース，だった。

3. 調査内容

　調査は，施設の概要やサービスに関する調査票と，職員への個別イ

ンタビューを併用して実施した。施設調査票は，インタビューの前に郵送で実施して，インタビューや分析のための参考情報とした。施設調査票には，施設の基本情報，看取りや意思決定に関する実態と環境整備の状況について，施設や職域の管理者に記載を依頼した。施設調査票は全てインタビューの前に回収した。

　個別インタビューは，対象者 1 人に対してプロジェクトメンバー 1 名または 2 名が，半構造化質問票を用いて対面またはオンラインで実施した。半構造化質問票には，管理者に対する質問（A），専門職に対する質問（B），共通の質問（C）を用意した。

(A)管理者への質問項目：普段の認知症末期の意思決定支援の実践について
　- 普段の意思決定支援の実践について
　- 意思決定支援を行うためにどのような仕組みを作っているか
　- 特に，本人の意向を理解する・汲み取る・実現するための仕組みはあるか
(B)専門職への質問項目：本人の意向を尊重した意思決定支援の模範的事例，困難事例（1 人 2 例程度）
　- どのような事例だったか
　- どのような点で模範的だったか，困難だったか
　- どのような工夫や対処をしたか
(C)共通の質問項目：認知症末期の意思決定支援に対する個人の考え
　- どんな意思決定支援をしたいと考えて実践しているか

　インタビュー時間は 1 人あたり 40 ～ 85 分，平均 52 分だった。1 つの施設は全て対面のインタビューを実施したが，残りの 5 施設は全てオンラインだった。オンラインインタビューの場合，対象者は全て勤務先で応じた。インタビューのキャンセルはなく，予定は全て実施した。インタビューは 1 人の対象者について 1 回実施した。インタビューは全て

録音して，文字起こしをしてテキストデータに変換した。追加的なインタビューやテキストデータに変換した内容を対象者に戻して確認や訂正は行っていない。

4. 分析

　インタビューデータの分析は，Flickによるテーマ的コード化[39]の方法を参考に，次の6つの手順で実施した。分析の大まかな流れは，(1)意味のまとまりごとに区切ったデータを (2) 集約しつつ，(3)・(4) 3つの施設種別で比較検討して，共通テーマを明らかにした上で，(5)テーマ同士の関係性や階層性によってテーマ構造を整理して，(6) リサーチクエスチョンに答える形に整える，というものである。

(1) データを意味のまとまりを持つ文節や文の単位に区切って，フリーコーディングでコード化した。

(2) それぞれの施設種別（医療療養型病床・特別養護老人ホーム・在宅ケア）の中で共通するコードや近似するコードをまとめてカテゴリー化した。この作業において，抽出されたコードを，3種類の施設種別の間で，また同じ施設種別の2施設の間で，比較検討することで理論的飽和を確認した。

(3) カテゴリー化したコード群が意思決定のどのような側面について言及しているのか検討し，それをテーマ領域として定めた。この手順は，次の手順(4)でテーマ領域ごとにコード群を並べ，施設種別による共通点や相違点を比較するための準備である。
合計12のテーマ領域を認めたが，それらがリサーチクエスチョン1，2のどちらに対応するかによって分類した。リサーチクエスチョン1（どのような意思決定支援をしているか）に対応したのは，「前提となる考えや態度」，「どんな意思決定か」，「決定の基準」，「本人の役割」，「家族の役割」，「職員の役割」，「共有する情報」，「協働する関係」の8テーマ領域だった。リサーチクエスチョン2（そ

の意思決定支援を実行するための環境や仕組みにはどのような特徴があるか）に対応したのは、「医学的ケア」、「生活と最期の支援」、「家族の支援」、「チーム医療」の4テーマ領域だった。

（4）12のテーマ領域と3つの施設種別によってクロス表を作成して、カテゴリー化したコード群を配置し、各テーマ領域における共通点と相違点を比較検討した上で、施設種別によらず共通するテーマを抽出した。

（5）クロス表からテーマを取り出した上で、テーマ同士の関係性を考慮しながら分類、集約、階層化を繰り返して、テーマの構造を整理した。

（6）2つのリサーチクエスチョンに対して過不足なく回答できているか検証しながら、テーマ構造を修正して、意思決定支援モデルを概念図にまとめ、その説明を記述した。

V. 結果

1. 認知症末期の本人を尊重した意思決定支援のモデル
包括的テーマ：認知症末期の人にとって望ましい最期の実現

　意思決定支援に臨む専門職には、認知症末期の人にとって望ましい最期を実現するという態度があり、それは施設種別によらず、専門職に通底する包括的テーマとして認めた。望ましい最期とは、「本人らしい」最期であり、家族が納得できる最期であり、医学的観点から「自然な」最期であることを同時に満たすものだった。「本人らしさ」とは、「今の本人が感じるであろう豊かさや幸せ」だったが、このモデルの根幹をなす概念であった。医学的観点から「自然な」最期とは、認知症末期に延命を目的とした医療的介入を増やすことに否定的であり、本人の身体の衰えに委ねることが「自然な」最期だとする考えだった。この包括的テーマを実現する意思決定支援では、認知症末期に蔑ろにされやすい本人の観点（「本人らしさ」）をいかに汲み取り、それと干渉することのある家

族の観点（家族自身の心理・事情）をいかに調整して代理意思決定するか，ということが課題であった。また，本人の身体状態やその見通し（医学的観点）に対する家族の理解を促す必要があった。これらの課題を解決する意思決定支援の実践をモデル化したものが本研究のリサーチクエスチョン1に対する結果である。

＜認知症末期の本人を尊重した意思決定支援のモデル＞

　認知症末期の本人を尊重した意思決定支援のモデル[ii]は，5つのテーマ（要素）から構成された。すなわち，テーマ1. 本人の生活と連続した最期の支援，テーマ2. 本人・家族・専門職の協働，テーマ3. 本人が発した情報から「本人らしさ」の基準を理解・洗練，テーマ4. 代理意思決定の実践と熟練，テーマ5.「本人らしさ」の実現に影響する家族の心理・事情の調整，だった。本文中の図1に包括的テーマと5つのテーマの関連を示した概念図を，付録図にはサブテーマまで含めた概念図全体を示す。

　モデルは，本人の生活と最期を連続的に支援すること（テーマ1）と，本人・家族・専門職が協働すること（テーマ2）が必要条件だった。この2つのテーマは，支援の基礎となるものであり，基礎的テーマと表現する。支援の具体的な実践は，残りの3つの実践的テーマに集約された。それは，代理意思決定において本人の観点から検討するために，その観点（「本人らしさ」の基準）を理解すること（テーマ3），家族が「本人

---

ii この意思決定支援モデルは，対象となった施設で全ての場合に成立したわけではない。医療的介入の実施・不実施について，生活や「本人らしさ」を考慮することなく，医療職が中心に病状と本人の置かれた状況から医学的合理性によって判断して，家族等に説明して同意を得るパターンも認めた。連絡を取ることが困難な家族のケース，本人が独り身で成年後見人が代理決定者のケースなど，家族の参加が得られない場合や本人の情報が得られない場合にはモデルが成立しなかった。そのため，医療職による医学的合理性による判断と家族等の同意のパターンを取った。

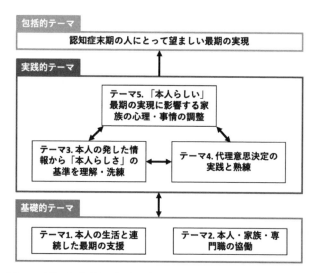

図1　認知症末期の本人を尊重した意思決定支援のモデル

らしさ」の基準と本人の身体的状態（医学的観点）を理解して代理意思決定すること（テーマ4），そして，家族の観点（家族自身の心理・事情）を専門職が理解して支援しつつ，「本人らしさ」の実現を阻害していれば調整を試みること（テーマ5）だった。

　テーマ同士の関係性について，2つの基礎的テーマと3つの実践的テーマの間には相互作用的な性質があった。つまり，基礎的テーマである連続的支援と協働は，実践的テーマの基礎となっただけでなく，実践的テーマである「本人らしさ」の理解，代理意思決定の実践，家族の心理・事情の調整を実践することによって基礎的テーマが強化される，という作用もあった。

　3つの実践的テーマの間でも相互作用的な性質があった。本人らしさの基準の理解（テーマ3）が進めば，代理意思決定の熟練（テーマ4）も進み，熟練すれば，その分だけ基準の理解も進む，というものである。テーマ3と5の間，テーマ4と5の間でも同様に相互作用があった。

テーマ１．本人の生活と連続した最期の支援

　生活や療養の場で本人が主体的に生活して最期を迎えることを，専門職が医療介護の提供を通して支える，という本人中心のケアを実践した（サブテーマ：一貫した本人中心のケア）。そのために，専門職は本人の選好や習慣に従って選んだケアを提供し，その選択と提供を日常的に繰り返すことで，個別性のある選択基準とケアに習熟した（サブテーマ：支援の試行錯誤と熟練）。そこで得た日常生活やケアに関する意思決定の基準を，終末期における意思決定においても適応した（サブテーマ：意思決定の基準の共通化）[iii]。

＜一貫した本人中心のケア＞

　生活や療養の場で，本人が幸せや豊かさのある生活を送り，それと連続した最期を実現することを目標に専門職はケアを提供した。そのために，本人が主体的に生活することを医療・介護によって支える，という本人中心の生活支援を最期まで継続して実践しようとした。

＜支援の試行錯誤と熟練＞

　専門職は，生活やケアに関する日常の小さな意思決定によって，生活に「本人らしさ（今の本人が感じるであろう豊かさや幸せ）」を満た

---

iii （施設種別による相違）意思決定の基準の共通化は特別養護老人ホームや在宅ケアの施設種で鮮明だった。看護師や介護福祉士，社会福祉士がインタビューで語ったケースの多くは日常のケアの意思決定についてで，その専門職たちが終末期の医療の意思決定支援にも積極的に関わり，同じ基準で支援した。それに対し，医療療養病床では，看護師や社会福祉士から同様の語りもあるものの，終末期の医療の意思決定は医師が中心に家族と話し合う形で実施して，日常ケアの意思決定との連続性が希薄なケースもあった。

iv 例えば，誕生日や季節の行事などの特別な日に向けて，家族と相談して，本人が好んで食べた食べ物を準備したり，お気に入りだった洋服を選んだりした。また，日常では，自室で好きな音楽を聴きながら，好きなおやつを食べる，なども家族と協力して実施した。

すことを心がけた。生活における意思決定とは，食事や着物，レクリエーションなどに関する趣味嗜好[iv]や，歯磨きや入浴などの日課の順序など生活習慣[v]について，つまり，主に日常の介護を要することに対して，専門職自身のルーチンに沿ってケアを提供するのではなくて，その人の個別性を意識して選んで提供する，というものであった。例えば，毎日の食事介助で，本人の性格や好み，習慣に沿って，食べ物を選んだり，食べる順番を選んだりするなどだった。それらの選択基準を家族に尋ね，家族と相談して決めた。また，そのことを本人に語りかけて伝え，表情がほころぶ様子などを観察して，選択や選択基準の正しさを確認しようと試みた。本人からのフィードバックを得る試みは，成功することもあるし，失敗することもあったが，何度も繰り返すことで一定の成功が得られるので，選択基準を学び，「本人らしい」生活に近づけた。

<意思決定の基準の共通化>

　日常の小さな意思決定と同じ「本人らしさ」の基準を用いて，食べられなくなった際の胃ろうをどうするか，最期にどこで誰と過ごすか，といった終末期の意思決定をした。例えば，元気な頃から食にこだわりがあって，認知症が進行してからも食事に対して笑顔やしかめ面を見せていた本人が，嚥下障害によって食べられなくなった場合に，胃ろう栄養で生きることに「本人らしさ」があるか，という検討を経た選択である。これは，嚥下機能や体力の回復の可能性があるか，延命の可能性があるか，といった医学的観点から本人にとっての最善を検討する基準とは異なることがわかる。また，この時に胃ろうを選択した場合にも，その後の本人の生活の様子を観察して解釈することが，次の意思決定に生かされた。このような終末期の意思決定支援は，本人の生活を継続して最期まで支え，そこに「本人らしさ」を満たすということを第一義的に

---

v 例えば，比較的ADLが保たれていた時の入浴介助は，お湯をかける順序，体を洗う順序などを本人に聞いて介助した。

考え，その上で，今の身体的問題に対して，医療や介護の選択肢が与える意味を検討して，医療や介護を手段として選択するものだった。

テーマ2．本人・家族・専門職が協働する

　意思決定において，本人・家族・専門職のそれぞれが役割を担い協働した（サブテーマ：三者の役割と協働）。協働とは，三者の間で信頼関係を築いて（サブテーマ：関係性の構築と強化），情報共有して（サブテーマ：情報共有），本人が「本人らしい」生活を送り，最期を迎えるための協働だった。

＜三者の役割と協働＞

　本人の役割は，生活の中で提供された支援やケアに対して反応を示すことなどを通して，「本人らしさ」を示唆する情報を表出することだった。これは，自分の意思を言葉で表明することとは異なり，働きかけに対して反応する，という形であった。家族と専門職は協働して，本人とのコミュニケーションから本人の意図を推測し，「本人らしさ」の基準を話し合い，それに基づいて現在の問題に対して選択する役割を担った。家族の固有の役割とは，最終的な決断や同意をすること，そして，家族自身の心理や考え・家族関係・生活など，家族の事情を意思決定の相談に持ち込むことだった。専門職の固有の役割は，終末期の判断や見通しなど医学的見解を説明すること，その見通しに応じて時宜を得た意思決定をリードすること，家族の心理的支援をすること，だった。

　家族と専門職の間の協働には2つのパターンがあった。1つ目は，家族と専門職が対等に議論して合意を目指すパターンで，医療療養病床や特別養護老人ホームで認めた。家族と専門職それぞれが持つ情報や見解を同等に扱う点で対等だった。2つ目は，本人の代弁者として家族が機能するように専門職が教育・支援して，家族が決めるパターンで，在宅ケアで認めた。在宅という性質上，本人を含めた家族の生活が中心にあって，それを支える専門職は脇役に徹した。家族が日常や終末期のケ

アに「本人らしさ」が満たせるように，介護の技術や意思決定の方法について教育・支援した。

<情報共有>

　意思決定において共有される情報は，「本人らしさ」を理解するための情報，医学的見解，家族の心理・事情だった。医学的見解とは，現在の本人の医学的情報とそれに対する専門職の解釈であった。専門職は，現在の身体状況や予後の見通し，終末期の判断などを知識や経験に基づいてアセスメントして，多職種カンファレンスで検討して集約した。その医学的見解を専門職は家族に伝えるわけだが，終末期の一般的な経過や症状などについての説明書類を用いたり，本人の状態を家族と一緒に観察したり，家族が医学的見解を正確に理解できるように工夫しながら教育・支援した。家族の心理・事情は，例えば在宅看取りの相談の場面で家族の介護力のように直接の相談事項になる場合もあったが，そうではなく，家族の心理状態や家族関係など，相談の場では言語化されない場合もあった。いずれの場合も，家族と専門職との間で共有され，選択に影響を与えた。

<関係性の構築と強化>

　意思決定を協働するために三者の間には信頼関係があった。専門職と本人の信頼関係は，相互の信頼関係だった。専門職と本人が互いに信頼することは「本人らしさ」の表出と受容に不可欠なものであり，テーマ3で詳述する。専門職と家族との間では，本人のことや死について，家族自身のことなどについて率直に話ができる関係を構築した。この関係は，専門職が意識して日常的にコミュニケーションをとることで醸成した。特別養護老人ホームの職員は，入所時に終末期についての家族の意向を聴取するが，お互いの間に関係性が築けていない状態では形式的なやりとりになってしまうため，家族が本心を打ち明けて相談するためには信頼関係が必要なことを話した。そのため，こまめに連絡をとり，

日常のケアについて報告・相談する中で関係を構築していた[vi]。

　本人と家族の間の関係性について，両者のコミュニケーションの様子を専門職は観察して，健全な関係性かどうかを評価した。健全といえない関係性によって，本人の尊厳や「本人らしさ」が蔑ろにされていると専門職が判断した場合には，家族へ介入して調整を試みた。例えば，過剰な愛着ともいえる親子関係のために，医学的には本人に無益と考えられる終末期の入院治療を執拗に要求するケースなどだった。

テーマ3. 本人が発した情報から「本人らしさ」の基準を理解・洗練

　「本人らしさ」とは，「今の本人が感じるであろう豊かさや幸せ」であった。つまり，現在の状況に対する本人の主観的なQOLやQODDを，本人以外の他者（家族と専門職）が観察や解釈を通して理解したものである。これは，「今の本人」という時間や状況に依存すること，「感じるであろう」という他者の解釈に依存すること，の2点で不安定な概念だった（サブテーマ：状況依存性と解釈依存性）。前者について，仕事をしていた時期の本人が感じていた豊かさや幸せと，身体状態が低下した現在の本人が感じるであろう豊かさや幸せには，共通点もあるだろうが，相違点もあり得る。つまり，状況依存性の要素があるための不安定さである。後者について，家族が主観的に考える「本人らしさ」と，専門職が主観を介して解釈した「本人らしさ」は違って当然である。つまり，解釈依存性に起因する不安定さがある。

　これらの「本人らしさ」につきまとう不安定さに対して，専門職は工夫して対策した。本人の発した情報を根拠にして「本人らしさ」を探

---

vi 例えば，家族が本人に面会に来た際（在宅では専門職が訪問した際）や，本人の状態変化や身の回りの物品などについての連絡など，日常的な場面を利用して，専門職は積極的に，こまめに家族と連絡・相談した。コミュニケーションを通して，入所・入院している本人の日常の様子や身体状態を家族に理解してもらい，本人を病院・施設に安心してあずけてもらうことができるよう心掛けた。

求すること（サブテーマ：本人の発した情報に根拠を求める）と，本人の情報を多角的に集め，照合して理解を深めること（サブテーマ：多相的情報と多面的情報）だった。

<状況依存性と解釈依存性>

　「本人らしさ」に付随する 2 つの不安定さ（状況依存性と解釈依存性）に専門職は敏感だった。専門職自らの主観的解釈を本人に押し付けてしまう危険性を強く認識し，そうなることを避けた。同時に，彼らは「本人らしさ」の理解を家族の主観的解釈だけに頼ることの危うさも感じていた。家族というものの普遍性を信じれば，家族が理解する「本人らしさ」が，本人の考えに最も近いと考えるのは自然である。家族として長い時間をかけて共有した経験や価値観が，「本人らしさ」の理解の根拠となる。しかし，「本人らしさ」は「今の本人」という点にも重大な意味があり，状況依存的なものでもある。よって，認知症が進行して本人の状態が変化する中で，現在の本人の状態を家族が観察・解釈して，「本人らしさ」の理解を更新する必要がある。病院や施設にあずけた本人と離れて暮らす家族や，認知症を生きる本人の反応を理解できない家族にとって，「今の本人」に対する理解を適切に維持することは必ずしも容易でないと専門職は考えていた。また，家族自身の心理状態や事情によっても，家族の解釈は影響を受けることを専門職は何度も経験し，それによって家族が合理的といえない判断をしたため，支援者として葛藤があったこと，適正化を試みたことを述べている。

　新型コロナウイルスの感染拡大対策のために面会制限をおいた医療療養病床や特別養護老人ホームの職員は，家族とコミュニケーションが取れないこと，家族が本人と時間を共有できないことで，家族の「本人らしさ」の理解が更新されず，基準が不明瞭な選択をすることを経験した。今の本人がどんな生活をしているのか本人の立場に立って理解することができず，意思決定において「本人らしさ」の基準で十分に検討しないまま家族が決定してしまうことだった。結果として，コロナ禍にお

いて本人が望んだとはいえない胃ろうを家族が選択することが増えた印象を持つ専門職もいた。

<本人が発した情報に根拠を求める>

　本人が発した情報を受け止め，集め，判断の根拠としたわけだが，専門職は，認知症があっても本人が発した情報は信頼に足る判断根拠だと考えていた。つまり，本人が主体的に意思を表出していると認識し，その表出を真摯に受け止めていた。そのことを説明したのは，本人と専門職の間の相互の信頼関係だった。本人と専門職の間の信頼関係に相互性があるという意味である。本人から見れば，意思疎通ができた時期には本音で話せること，疾患が進行してからは安心してケアに身を委ね，時には怒りで抗議しても受け止めてもらえるという専門職への信頼だった。専門職から見れば，たとえその場で意味をなさない言葉や反応にも本人の意思が宿っているという，本人に対する信頼であった。相互の信頼関係は，生活とその支援の中で，専門職が意識的に働きかけて，双方向の言語的・非言語的コミュニケーションを発生させることで醸成した。つまり，本人の情報を収集するコミュニケーションそのものが，相互の信頼関係を醸成するプロセスでもあった。

　双方向のコミュニケーションを促進する手段は，継続性，技法，担当制，の3つだった。まず継続性だが，在宅ケアでは認知症が進行する前から継続支援をしているため，本人が受け入れやすいコミュニケーションや本人の反応の特徴などを理解した。疾患が進行して本人の表出が限られても，その経験をもとに働きかけを工夫して，双方向のコミュニケーションを維持した。次に技法だが，認知症が進行してから以降の関わりが中心の医療療養病床の施設の一つでは，組織的にユマニチュードの技法を取り入れて，コミュニケーションを促進した。双方向のコミュニケーションを個人の心がけではなく，技術として習得して実践するものである。その効果は，「専門職が本人の反応を待って，観察するようになった」，「苦痛を伴う処置を本人の協力を得て実施できるようになっ

たので，喀痰吸引の際のバイトブロックが必要なくなった」などと聞かれた。最後に，本人の生活を最も身近に支える専門職が，担当者として支援することはいずれの施設種にも共通する手段だった。進行して言葉での表出が困難になると，生活の中でケアを介したコミュニケーションが中心となるため，そのコミュニケーションは，その人に対する熟練を要する。担当制は，その人と時間をかけて向き合うことを可能とし，熟練を促した。

＜多相的情報と多面的情報＞
・多相的情報

　「本人らしさ」を理解するための情報には，その人の過去から現在まで異なる時相の情報があり，以下の4つに分類された。時相の異なる情報を集め，互いに照合することは，「本人らしさ」の理解を立体化して，状況依存性と解釈依存性への対策となった。

① 過去の本人の語り：認知症が進行する前に外来などで目的を持って本人が語ったライフレビューやACP，または，生活支援の中で本人が発した語りや言葉があった。ACPやそれに近い内容の本人の語りは，意思決定において有力な情報だと専門職は認めた。しかし，その語りの背景等が分からない場合，どこまで本心からの選択なのか，どこまで今の状況に適応可能なのか，判断がつかないという指摘もあった。

② 過去の本人の意思決定での決め方[vii]：認知症初期や中期の支援の中で，本人が生活や医療に関する意思決定をした時に本人がどのよう

[vii]（施設種別による相違）過去の本人の語りや決め方についての情報は，専門職が認知症のステージ（重症度）を超えて継続支援していなければ得られない情報だった。そのため，外来診療から移行する在宅ケアの施設種で多く認めたが，他の施設種では得にくい情報だった。ただし，医療・介護施設数が非常に少ない町村部に立地する特別養護老人ホームAでは，多くの入所者が入所前に嘱託医の外来に通っているため，嘱託医は外来看護師と共に同様の情報を得ていた。

な基準で決めたか，支援した専門職や家族が理解した情報だった。主に外来や在宅ケアなどで，認知症が進行する前から支援する医師や看護師，社会福祉士が得て，カルテに記録していた。

③家族が記憶する本人像：サービス開始時のアセスメントのようなフォーマルな情報だけでなく，本人の日常生活やケア，終末期のケアについて相談する中で家族が話した本人についてのエピソードや性格，嗜好性などの情報があった。

④現在の生活やケアに対する本人の反応：日常の生活やケアにおいて本人が示した反応や発した言葉だった。この情報から「本人らしさ」をより適切に理解してケアに反映するために，家族と協働した。家族とケアの方法を一緒に決めることで，ケアに「本人らしさ」を満たそうと試み，そうして提供したケアへの本人の反応を家族と一緒に観察したり話し合ったりすることで，「本人らしさ」の理解をより適切にすることを試みた。

・多面的情報

　専門職や家族の一人ずつが，異なる接点で本人と接し，異なる情報を得た。専門職各自が自分の持つ専門性と担当するサービスによって本人から直接得た情報，また，家族それぞれが持つ本人についての情報である。これらの情報を，専門職同士で，また専門職と家族との間で共有し，それぞれの解釈を話し合うことで，「本人らしさ」を立体的に理解することを試みた。この方法が「本人らしさ」の理解に効果的だったエピソードは次のようなものがあった。ある在宅ケアに携わる専門職は，認知症が進んだ本人がケアの最中に断片的に繰り返す「線路の家」という言葉が印象に残っていたが，何を意味するか理解できないため解釈保留のまま記録していた。後にそれを家族に伝えると，人に貸していた家だったことがわかり，本人がその家を大切にしていたこと，人に対して気遣いする人だったことなど，その人の価値観や人柄を具体的に思い起こすきっかけとなった。

　多面的な情報を集約して，解釈を話し合う実践の場は，フォーマルなカンファレンスもあったが，インフォーマルな会話の方が中心的だった。専門職同士や，専門職と家族との間で，日常的に繰り返し相談した。どんな順番でその日の日課をこなすか，何をして過ごすか，どの洋服を着るか，などこまごまとした日常生活やケアの選択について話し合う場面だった。

テーマ4. 代理意思決定の実践と熟練

　認知症の進行による意思表示能力の低下に伴い，本人に代わって家族が専門職と話し合って決める代理意思決定の要素が大きくなる。多くの家族にとって，代理意思決定は初めての経験であり，家族自身の考えなどに基づいて決める方法を取りやすい。認知症のある本人の身体状態を理解することや，「本人らしさ」の基準で決めることに家族が慣れていないことが背景にあった。

　対策として，家族が代理意思決定者として期待された役割を果たすための練習（サブテーマ：家族の役割練習）を専門職は促した。日常のケアについて選択する代理意思決定の実践が役割練習の機会となり，終末期の代理意思決定に向けた準備となった。同時に，家族は医学的見解の理解を深めることができた（サブテーマ：医学的見解の理解の促進）。専門職側から見れば，家族を教育・支援して代理意思決定をリードする実践と練習の機会であった（サブテーマ：支援方法の最適化）。

＜家族の役割練習＞

　家族の役割練習とは，日常のケアを選択することに専門職が家族を巻き込むことで，「本人らしさ」の基準から選択する代理意思決定を練習するものだった[viii]。日常の場面で，専門職は家族と一緒に本人の反応を観察して「本人らしさ」を話し合って，それを基準にケアを選ぶことを繰り返した。この繰り返しは，終末期の意思決定でも「本人らしさ」の基準で選択できるための家族の準備となった。

<医学的見解の理解の促進>

　役割練習において，家族と専門職は本人の反応を観察して話し合った。観察や話し合いの対象は，本人の反応だけでなく，身体状態も含まれた。専門職は，家族と身体状態を観察して話し合い，医学的見解を伝えた。家族は本人の状態を目の当たりにしながら説明を受けることになり，医学的見解に対する理解を深め，それを意思決定で考慮するための教育になった。

<支援方法の最適化>

　日常のケアについての代理意思決定を家族と一緒に行うことは，専門職にとっての意思決定支援の練習でもあった。話し合いなど協働することを通して，その家族の性格や決め方の特徴を知り，本人と家族の関係を理解することができた。その経験は，代理意思決定のための教育・支援方法をその家族に最適化することにつながった。

テーマ5.「本人らしさ」の実現に影響する家族の心理・事情の調整

　テーマ4で提示した代理意思決定は，家族が本人の身体状態を理解して，「本人らしさ」の基準から決めるという，比較的純粋に本人中心の代理意思決定だった。本人の生活やケアなどに関する日常の細かな選択は，この方法が可能だった。それは意思決定の対象が食べ物や生活習慣など個人的なものであって，選択の結果が家族の心理や生活には影響を及ぼさないためである。しかし，終末期の生死を分かつ医療的処置の選択や，療養や最期の場の選択など，家族の心理や家族生活に強く影響し，

---

viii 例えば，嚥下困難が出現してきた認知症高齢者の在宅での食事介護について，食事の時間に合わせて訪問看護師が訪問して，家族に食事介助について相談する場合があった。看護師は，家族に食事介助の指導をしながら，本人の食べる様子を一緒に観察した。身体機能としての嚥下の状態や食形態の説明と同時に，本人の食事の好みを家族から聞き取り，その食品を選んで提供すると，食べるときに本人の表情が違うことを家族と一緒に観察する機会になった。

その安定を揺るがすような代理意思決定がある。そのような代理意思決定は頻度こそ少ないものの，難易度は高い。選択の結果が家族自身の心理や生活に影響するということは，家族が家族自身の心理や生活の事情からも選択肢を吟味することになるためである。終末期に近づくにつれて，また，意思決定の結果が重大なものであるほど，家族が家族自身の心理・事情を意思決定に持ち込み，「本人らしさ」の実現に影響を与えるようになる（サブテーマ：家族の心理・事情）。

　意思決定に家族の心理や家庭内の事情が持ち込まれ，それが「本人らしい」最期の実現に影響したケースはインタビューで多く語られた。例えば，本人に対する家族の思い入れが強すぎて，現実的でない回復を期待して，嚥下障害のある本人に無理に食べさせるケースが典型的だった。このような意思決定では，死にゆくことや看取ることに対する家族の不安，生死に関わる決定への心理的葛藤，さらには，家族自身の生活への影響があるため，家族のリアクションは大きい。リアクションは，「本人らしい」最期の実現に対して促進的に働くこともあったが，阻害的に働くと専門職は対応に手を焼いた。

　家族の影響の仕方には2つのパターンがあった。すなわち，家族の心理・事情が結果的に「本人らしさ」と干渉する場合と，家族の協力が「本人らしさ」の実現に不可欠な場合だった。いずれの場合も，「本人らしい」最期の実現を困難にすることがあるため，専門職は家族に対して働きかけて予防や対策を試みた（サブテーマ：家族の影響の調整）[ix]。

＜家族の心理・事情＞

・家族の心理・事情が「本人らしさ」と干渉する場合

　家族が，本人の身体状態の悪化や終末期であることを理解し，死を

[ix]（施設種別による相違）いずれの施設種別でも，家族の心理的受容や病状理解，家族の協力が「本人らしさ」の実現に影響したケースは多く認めた。専門職は，家族との信頼関係を築き，家族を教育・支援したが，家族内の生活や事情には原則的には踏み込めないという考えも共通した。

受容することが，「本人らしい」終末期の実現に影響した。専門職が対
応に苦慮するのは，家族が死にゆく本人をどう理解して，どう受け容れ
てよいのかわからないため，代理意思決定者として適切に機能しない
ケースだった。本人の意向や身体状態を顧みず，無理に食べさせる，胃
ろうを造る，入院させる，など，家族が非現実的な期待をして過度な治
療を選択することが問題となった。これらのケースでは，本人・家族・
専門職の協働がうまく機能していなかった。

・家族の協力が「本人らしさ」の実現に不可欠な場合
　家族の存在や家族生活が，「本人らしさ」の一部であるため，家族の
協力を得られなければ「本人らしさ」を実現できない場合があった。例
えば，本人が家族と一緒に過ごすことは「本人らしさ」を満たすが，家
族による面会や在宅介護の選択に依存する。多くの場合，専門職は家族
の生活や事情を尊重して，状況把握することにとどめた。ただし，家族
に迷いがある場合には相談に乗り，障壁になっている事柄がサービスに
関するものであれば，例えば，面会時間の提案や在宅サービスの調整な
ど現実的な対策をとった。

<家族の影響の調整>
　家族の心理・事情が「本人らしさ」の実現に影響する場合，専門職
による対策は3つあった。家族の気持ちを傾聴して受容的に接する心理
的支援，本人の身体状態の悪化について家族に実感と見通しを与える教
育的支援，面会時間の提案や在宅サービスの調整など現実的なサービス
調整だった。
　専門職は，家族の感情を揺さぶる難しい代理意思決定が将来必要に
なることを予測して，前もって対策した。日常のケアをめぐる家族との
対話の中で家族の心理をアセスメントしたり，そこで表出される家族の
心理を敏感に拾い，その心理に理解を示したりすることだった。意思決
定の局面では，代理意思決定者としての心理的負担や死の受容の困難に

直面した家族に対し，共感的なコミュニケーションを増やして注意深く接して対応したが，専門家へのコンサルテーションを活用することはなかった。

　家族に本人の状態の変化に対する実感や見通しを与える教育的支援も支援開始の早期から実施していた。その機会は，テーマ4の家族の役割練習や医学的見解の理解の促進だった。他にも，一般的な終末期の臨床経過をまとめた説明書類の活用，家族との定期的なカンファレンスなどを通して，今の身体状態に対するアセスメントだけでなく，本人の状態変化を俯瞰して見通しを持った医学的見解を説明して，家族の理解を促した。

2. 本人を尊重した意思決定支援のモデルを実行するための環境と仕組みの特徴

　これまで説明してきた意思決定支援モデルを実行する背景にどのような環境や仕組みがあるのか，リサーチクエスチョン2に対する結果を記述する。環境と仕組みには4つの要素があった（図2）。要素1）人の生活と死に向き合う場は，モデル実行のためのサービス環境を説明した。要素2）部署やサービスを跨いだ継続支援は，生活と最期のケアの連続性を担保するための仕組みを説明した。要素3）担当制と裁量は，本人や家族についての知識や経験を蓄積して，個別性のあるケアや意思決定支援を可能にする仕組みだった。要素4）チームの協働は，一貫し

環境と仕組み

1) 人の生活と死に向き合う場	4) チームの協働
2) 部署やサービスを跨いだ継続支援	3) 担当制と裁量

図2　意思決定モデルを実行するための環境と仕組み

た支援方針のもとで，モデルの実践に必要な継続支援や担当制を機能させる環境になった。

　要素同士の関連や，モデルの構成概念（テーマ）と要素の間の関連はあったが，非常に入り組んでおり，それらの主従や順序などを矢印で図示するには及ばなかった。ただし，環境の要素として1)・4)，仕組みの要素として2)・3) を認めたため，概念図では環境と仕組みの要素をそれぞれ並列して2段に配置した。以下の説明では，それぞれの要素がどのテーマと関連があったのか触れながら記述する。

1）人の生活と死に向き合う場
　本人の生活と連続した最期を支援するためには，人の生活と死に向き合うという理念とそれを具体化した場作りが必要だった。それは，本人を利用者・患者としてではなく，一人の人格ある生活者として理解し（生活者として捉え直す実践），医学的管理を利用しながら生活や療養を最期まで支援し（医学的アセスメントの活用），家族という単位で一緒に過ごす生活や最期に近づけるような実践や仕組み（本人と家族が共に過ごす場）によって特徴づけられた。

＜生活者として捉え直す実践＞
　入所者・患者を人格のある一人の生活者として深く理解して支援する実践があった。テーマ3（本人が発した情報から「本人らしさ」の基準を理解・洗練）で記述したように，多相的・多面的情報を収集して本人を立体的に理解する実践や仕組みだった。本人・家族と相互の信頼関係を築き，日々コミュニケーションをとって本人・家族をより深く理解すること，その繰り返しが支援の質の違いをもたらした。介護者と被介護者という関係でなく，生活者と支援者という関係で向き合い，「本人らしい」生活と最期を支援した。

＜医学的アセスメントの活用＞

　医学的アセスメントを活用して，生活と最期の支援をガイドした。身体機能や認知機能，覚醒の状態，摂食・嚥下機能などをアセスメントして，入浴や食事などケアにおける安全管理と個別化のバランスを図ったり，予後や経過の予測，終末期の判断をして時宜を得たケアや意思決定支援を提供したりした。専門職のアセスメントは，多職種のカンファレンス等で検討し，家族に説明・相談して，ケア計画に反映した。アセスメントの質や量を裏づけたものは，チームに含まれる専門職の種類と経験的知識だった。例えば，医療療養病床のチーム内に配置されたリハビリテーションの専門職は，嚥下機能や認知機能と手の巧緻性などの医学的アセスメントをして，食事やレクリエーションなどの生活支援に結びつけることで，安全かつ本人の好みに合った食事やレクリエーションを提供した。特別養護老人ホームの介護士のリーダーは，本人の身体状態やその変化から終末期を判断する基準をはっきりと言葉にして確認し，その時期に適切なケアや支援をチームで議論し，家族に説明・相談する機会を設けた。

＜本人と家族が共に過ごす場＞

　「本人らしい」生活や最期に与える家族の影響を理解し，本人と家族が一緒に時間を過ごせるような環境を作った。特別養護老人ホームや医療療養病床では，家族が来所・来院して，本人とプライベートな時間を過ごせるような居室の工夫や，最期の時間を過ごす特別室の準備があった。日常のケアの中では，来所・来院した家族を迎え入れるための声かけや電話連絡など，チームで協力しながら定期的に行った。その時のコミュニケーションでは本人の様子や変化などを伝えることを怠らなかった。家族が本人の様子を把握することで，安心して，くつろいだ時間を本人と過ごすことができるよう心がけた。

2) 部署やサービスを跨いだ継続支援

　認知症の進行や医療提供の仕組みによって，生活の場が変わったり，支援者が交代したりすると，専門職が蓄積した本人や家族に対する理解や関係性が失われる。これは，本人の発する情報や本人・家族との関係を重視する意思決定支援モデルに深刻な影響を与え得る。対策には，書面やカンファレンスでの情報の受け渡しもあったが，むしろ，専門職が複数の部署やサービスを兼務することで支援の連続性を確保する方法をとった（兼務による継続支援）。兼務した専門職は，一般に申し送られる医療・介護の情報だけでなく，本人や家族の人となりや生活についての情報や，個別性のある支援についての経験，本人・家族と専門職の関係性などを次のチームに引き継いだ（継続支援者による引き継ぎ）。

＜兼務による継続支援＞

　複数の部署やサービスを兼務する継続支援者が，次の部署やサービスでもその人の支援を続けることがケアの連続性に寄与した。医療療養病床を持つ病院では，病院から訪問診療や訪問看護も提供しており，病棟サービスと訪問サービスを兼務する医師や看護師が継続支援者の役割を果たした。また，診療所では，外来での認知症初期支援から在宅看取りまで提供したため，支援期間が5年から10年にも及んだ。その期間には状態に応じて多様なサービスが必要となるため，診療所に隣接した訪問看護，訪問介護，居宅介護支援事業所を設置しており，それらの事業所を兼務する専門職がいた。そこでは，診療所に所属する医師・看護師・社会福祉士が継続的に核となる外来支援のチームを作りながら，認知症の進行に合わせて流動的にチームの編成を変えた。例えば，患者のADLが低下すると，外来支援のチームに他の事業所に所属するケアマネジャーを迎えた。さらに寝たきりになって外来診療から訪問診療に切り替わると，両サービスを兼務する医師と看護師は支援チームに残り，訪問看護師などと協働した。

＜継続支援者による引き継ぎ＞

　継続支援者は，本人・家族についての知識や経験，関係性を次のチームに引き継いだ。本人や家族の性格や生活の特徴，さらにはこれまでの意思決定のプロセスなど，書面での情報提供や一度のカンファレンスでは伝えきれない情報や経験を，ケアを提供する中で，また，職員同士の日常的な相談の中で，新しく支援にあたる専門職に伝えた。これによって，「本人らしさ」の基準など意思決定モデルに欠かせない情報は引き継がれた。また，継続支援者がそれまでに築いた本人・家族との信頼関係を次のチームに持ち込むことで，新しいチームメンバーが本人・家族と関係を結びやすくなった。

3）担当制と裁量

　専門職が本人・家族の個別性のある支援を試行錯誤して熟練することや，それを通じて「本人らしさ」の基準を理解・洗練することが，意思決定支援モデルで重要な意味を持った。その熟練や理解・洗練を促したのは，本人・家族を直接支援する立場の専門職が担当者となって関わることで，本人・家族に対する知識や経験を蓄積することだった（担当制）。その担当者等が裁量を持って支援にあたることは，個別性ある支援を試行錯誤して，家族の心理・事情に対応することを促進した（専門職の裁量）。

＜担当制＞

　本人・家族の生活を直接支援する立場の介護士や看護師1名が担当者となった。担当者となる職種は，特別養護老人ホームでは介護士，医療療養型病床では看護師と決まっていたが，在宅ケアでは特定の職種ではなく，本人・家族と長く関わり，その生活をよく知る人が暗黙の了解で担当者の役割を担った。

　担当者の役割は，本人の生活や療養を直接支援すること，家族と頻繁にコミュニケーションを図ること，それを通して，本人・家族を理解

して信頼関係を築き，日常のケアや意思決定支援に中心的に関わることだった。つまり，意思決定支援モデルの実践的テーマを個別に適応する中心的役割だった。そのため，サービスの熟練を高める役割の担当者にとって，一つの職場やサービスの中で本人・家族のケアに日々向き合うような職種・勤務形態が適切だった。担当者は常にチームの中で情報や方針を共有・相談しており，次に示すような裁量はあるものの，独断で支援方針を決めるような役割ではない。あくまでチームで支援する中で，中心的に本人・家族に寄り添い，理解し，時にチームに対して本人を代弁する役割だった。

　このような担当者の役割や勤務形態の特徴は，継続支援者のそれと異なることがわかる。継続支援者は，複数の職場やサービスを兼務して，情報や経験，関係性を運ぶことでサービスの分断を防ぐ役割だった。担当者と継続支援者が一致する例も時に認めた。それは，継続支援者が主たる職場・サービスで大半の時間を勤務して，そこでの同僚と同じ役割を担っている場合だった。診療所の外来から在宅ケアに移行するケースを例にとるとわかりやすい。訪問看護ステーションからの訪問看護を主たる仕事として週4日従事し，残りの週1日は診療所の外来に従事する看護師は，外来での患者情報や経験を在宅ケアに引き継ぐ継続支援者であると同時に，在宅ケアにおいて訪問看護師として担当者の役割を果たした。それとは異なり，診療所の外来の仕事を中心に働く看護師が，診療所からの訪問診療に同行したり，訪問看護師を週1回務めたりする場合，継続支援者になったが，在宅ケアで担当者の役割は果たさなかった。

＜専門職の裁量＞

　それぞれのケアの場で生活を直接支える立場にある介護士や看護師には，支援に関して一定の裁量があった。その人の「本人らしい」生活や最期の多様さに対応するためである。裁量によって，その施設で普段提供する画一的なサービスから外れても，「本人らしさ」を実現するために必要な支援を提供した。例えば，食事やレクリエーションに本人の

好みを取り入れる，本人と家族がメール（代理でメッセージを入力する）やテレビ電話でやりとりする手伝い，などだった。また，家族との関わりでも，家族の心理的支援や家族との生活における意思決定などを担当者が一定の判断で行った。

4）チームの協働

　チームで協働することは，担当者一人では到底担えない人の生活と最期を支えることに不可欠であると同時に，本人の多面的情報を収集・集約することなど意思決定支援モデルの実践に必要だった。また，継続支援（要素2）や担当制（要素3）を機能させるための環境になった。

　「本人らしさ」を理解するための情報収集や，家族との連絡調整など，必ずしも職種で規定されない役割を，その目的に沿ってチーム内で分担した（役割分担の調整）。また，チーム内で支援方針を統一することで，本人の生活と連続した最期を，一貫した目標や基準で支援した（支援方針の統一）。役割分担の調整や支援方針の統一は，担当者の役割を定め，専門職が裁量を発揮するための根拠やガイドになった。

　チームの協働はサービスの提供だけでなく，専門職の学習においても役立った。研修会などの職場外訓練だけでなく，ケア提供の場面やカンファレンスなどで教え合う職場内訓練を意識的に実践したためであった。職場内外での学習を通して，専門職は生活と最期の支援や，意思決定モデル実践のための知識や技術を獲得し，チームの足並みを揃えた（学び，教え合うチーム）。

＜役割分担の調整＞

　役割分担の調整は，職種で縦割りに決まっていた役割を，目的に応じて再配分したり共有するものだった。家族との関係性によって，その家族への対応を担う中心人物を決める，といった個別対応のための分担があった。同時に，特別養護老人ホーム入所時の情報取得のための家族面接を，生活相談員ではなく，その入所者を担当する介護士の役割に変

更したように，組織の決まりごととして明文化した分担もあった。このように，目的に応じて役割を柔軟に調整してチーム内での役割分担を個別化，最適化した。

役割を明文化して調整した場合は，担当者の責任と立場を明示したり，多職種チームで職種によるパワーバランスを解消して，対等な協働を促したりするきっかけとなった。特別養護老人ホームの担当の介護士は，入所時の家族面談の責任を帯びることで，その後も継続的に「本人らしさ」を理解するための情報を集め，家族との連絡・相談をリードする役割を担った。こうして，担当の介護士はチームの中で立場を明確にし，多職種と対等に議論して協働し，意思決定支援において役割を担うようになった。

<支援方針の統一>

多職種チームで情報を共有し，支援方針を統一することで，本人の生活と連続した最期を，一貫した目標や基準で支援した。一つの方針のもとでチームが足並みを揃えることで支援の一貫性を保ち，担当者はその方針を家族に伝えたり，方針の中で裁量を発揮して個別対応を工夫したりすることができた。

方針の統一は，チーム内での活発で対等なコミュニケーションによって支えられており，それを促す工夫を随所に認めた。職種別に離れていた事務室やデスクを物理的に近づけること，異なる事業所に分かれた在宅サービスのオフィスを同じビルの中に集めること，毎朝のカンファレンスの出席者を拡大すること，複数職種で同時に訪問・訪室してケアや相談にあたること，医療・介護保険で定められた書類の運用を工夫して環境に最適化すること，などがあった。

<学び，教え合うチーム>

専門職の裁量を含めた日常ケアの提供やチームの協働の基礎となるのは，専門職個人の技術や考えであるため，それを習得するための研修

や教育の機会を充実させていた。介護の技術や看取りについての知識だけでなく，本人や家族とのコミュニケーションの技術の研修を実施した。それは，研修会などの職場外訓練だけでなく，ケアの場面やカンファレンスなど職務を通して教え合う職場内訓練も活発だった。

VI．考察

　認知症末期の医療やケアの意思決定において，本人を尊重した意思決定支援とはどのようなものか，実践的なモデルとそれを実行するための環境・仕組みを明らかにした。認知症末期の人にとって望ましい最期を実現するという包括的テーマのもとで，2つの基礎的テーマと3つの実践的テーマからなる意思決定支援の実践モデルが明らかになった。生活と最期を連続したものと捉えて，そこに「本人らしさ」を満たすために，本人・家族・専門職が協働した意思決定をするモデルだった。モデルの実行には，2つの環境の要素と，2つの仕組みの要素があった。この結果に対して，意思決定に伴う倫理的葛藤への対策，本人の参加と家族の支援，実践の仕組みとしての継続性と担当制，の3点から考察する。

認知症末期の意思決定に伴う倫理的葛藤への対策

　本人の意思決定能力が低下するにつれて支援の必要度と難易度が増す，という認知症の意思決定支援における特徴に対し，終末期の医療の選択だけを切り離すのではなく，生活と最期の選択を同じ基準で行うことが，対策であり，かつ本人の意向を尊重するための戦略だった。認知症末期の意思決定支援において生活と最期を連続したものと理解する点は，この研究が示した最も重要な視点である。

　その連続性を保つ鍵となったのは意思決定基準を共通化したことだった。本人が過去や現在に発した多相的・多面的な情報を根拠とする「本人らしさ（今の本人が感じるであろう幸せや豊かさ）」という基準だった。「本人らしさ」の基準で生活と最期を選び取っていくこととは，

本人のナラティブを基準（narrative interest standard）とした代理意思決定と本質的に同じものである[40]。ナラティブとは，その人の人生の物語を指すが，それは始点・中間点・終点が備わる一体性を持つものと理解する[41]。つまり，どこで生まれ，どのように生きて，どんな終焉を迎えようとしているのか，その人に固有の物語があるという見方である。ナラティブを基準とした代理意思決定は，その人の背景，歴史，価値観や好みの変遷を理解して，その人の人生の物語の一体性を実現するために最善の選択をするものである[40,41]。

　代理意思決定で広く用いられる決定の基準として，家族等が本人の意思を推定して判断する考え方（substitute judgement standard）と，多職種で話し合った本人にとっての最善（best interest standard）に従う考え方があった。これら推定意思や本人にとっての最善を基準とする方法は，目の前の医療選択について，選択の結果に注目して意思決定するのに対して，ナラティブを基準とする方法は，本人がどのように今の状況に至って，今をどのように生きているか，という理解の上に，それに続く生や死を選ぶ[40,41]。臨床倫理の視座からは善行原則に従うものだが，医学的状況から検討した最善ではなく，本人のナラティブを完結させるという視点で個別の最善を選ぶものである[40,41]。これまでの学術的議論は，認知症末期の代理意思決定にはナラティブの基準が適しているという提案にとどまっていた。本研究はそれを具体的にどのように実践するか，実践モデルを示すことで議論を一歩進めた。

　日本の意思決定支援のガイドラインの中で本研究の内容に関連が深いものは，①認知症の人の日常生活・社会生活における意思決定支援ガイドライン[42]，②障害福祉サービス等の提供に係る意思決定支援ガイドライン[43]，③人生の最終段階における医療・ケアの決定プロセスに関するガイドライン[18]，がある。生活・療養・終末期のように，本人の状態や意思決定の場面に応じた方法をそれぞれ標準化したものだが，3つのガイドラインは本人の意思に基づく決定を尊重する点が共通する。実際に利用する時には，①や②のガイドラインに従った支援と，③のガイド

ラインに従った支援の間で，具体的支援として整合性のある実践に落と
し込む必要がある。本研究で示した「本人らしさ」の基準による支援モ
デルは，その整合性を実現するものであろう。生活や療養での意思決定
支援を通して理解した「本人らしさ」の基準を，終末期の意思決定支援
に適応するモデルであるためだ。

　本研究の意思決定支援モデルにおけるACPの役割について触れてお
く。「本人らしさ」を基準とした代理意思決定において，ACPは「本
人らしさ」を理解するための重要な1つのツールとして位置付けられた
が，ACPを絶対視するような意思決定は行っていなかった。認知症末
期の意思決定において，ACPなど事前の相談や決定事項を重視しない
ことは先行研究とも一致した[28]。語りの背景がわからない場合のACP
を採用することが難しいため，という意見が聞かれた。その一方で，
継続支援者であった特別養護老人ホームの嘱託医は，外来で積極的に
ACPを実践して，その患者がホームに入所した後にも利用する試みを
していた。その際にも，ACPの内容と，入所後に集めた多相的・多面
的情報とを互いに照合する手続きを踏んだ。

　ACPが日本の臨床現場で取り組まれるようになってから日が浅いた
め，認知症の人たちの支援の中での位置付けは，未だ不明確な点が多い。
この意思決定支援モデルは，意思表示に制限のある期間が長期にわたる
認知症の人たちにおいて，ACPをどのように位置付けるか，一つの示
唆を与えるものでもあった。

本人の参加と家族の支援

　本研究で明らかになった実践的テーマ3〜5では，本人・家族・専門
職の間でどのような協働をしているか説明した。中でも，テーマ3で本
人が参加すること，テーマ4で家族の教育・支援の一環として家族が代
理意思決定者として役割練習すること，の2点が特記すべき点だった。

　本人の参加について，協働意思決定（shared decision making）の
概念から考察する。協働意思決定とは，一言でいえば，患者と医療者と

が対立するのではなく協働する関係を目指し，意思決定のプロセスと責任を患者と医療者が共有するものである[44]。認知症初期や中期の人たちの意思決定の実践は，家族や専門職から支援を受けながら行う協働意思決定が典型である[42]。認知症が進行するにつれて，本人の参加が減少して，家族が意思決定を代行する割合が増える[11]。本研究の対象となった認知症末期の人たちは，ケアなど生活の中での専門職からの働きかけに反応する形で，情報を提供し，好悪の感情などを示すことが意思決定への参加だった。協働意思決定に必須の4要素，すなわち，①少なくとも患者と医療者が参加する，②情報を共有する，③合意形成のステップを踏む，④合意に達する，に照らして考えれば[45]，患者本人は，①役割が与えられて参加し，②少なくとも一方向性に情報を提供し，③反応によって意思を示した，と解釈できる。必須要素の全てを満たすわけではないが，助けを借りながら一定の参加が可能であった。助けとは，専門職が生活と最期の連続性という視点を持つことであり，本人と専門職の相互的な信頼の上に適切に働きかけることだった。意思決定に本人が参加するかどうかは，本人の認知機能の低下だけによって規定されるものではない。本人に情報が与えられること，本人の言葉に耳を傾けられること，本人が反応を示す時間が与えられることなどの意思決定の環境の要因や，決定の内容が伴うリスク，支援者との関係性，支援者の意思決定支援の能力など，意思決定の状況に大きく依存する[46]。これは認知症が進行して末期に近づいても同様に言えるのであろう。

　認知症末期の代理意思決定で家族の支援・教育の必要性は，これまで活発に議論されてきた[47-50]。家族への情報提供や心理的支援，家族とのコミュニケーションの適正化などをターゲットにして，多くの支援ツールや支援プログラムが開発されて効果が検証されている[51, 52]。しかし，本研究で認めた，代理意思決定者である家族の役割練習という考え方からの支援は，これまでとは異なるアプローチであった。役割とは，本人が伝える情報を受け止め，専門職と共に解釈して，「本人らしさ」を実現する代理意思決定をすることだった。この役割練習は，医療等の意思

決定において家族中心的な傾向がある日本人には[30, 53]，特に必要な家族支援なのかもしれない。家族が本人の立場に立って決めるということに馴染みが薄いため，とりわけ練習する必要があるという考察である。その証拠に，モデルで「本人らしさ」を実現するには，それに影響する家族の心理・事情を調整する（テーマ5）必要があった。

　日本の終末期医療・ケアの意思決定ガイドラインは，家族等の代理意思決定者が本人を尊重した決定ができることを前提とする[18, 31]。しかし，現実にはそのような家族ばかりではない。「本人らしさ」の基準で決めるには，役割練習が必要で，家族自身の心理や事情を優先することへの対策も必要だった。家族等が代理意思決定者として役割を果たせるように，どう支援すればよいのか，一歩踏み込んだ指針が必要だと考える。

実践の仕組みとしての継続性（継続支援者）と担当制（担当者）

　意思決定支援モデルを実行する仕組みとして継続支援と担当制が特徴的だった。専門職は，支援チームとして協働しながら，チームの中に継続支援者や担当者を包含することで，チームとして本人や家族と伴走し，その支援に熟練した。継続支援者は，兼務によって部署やサービスの垣根を越えて，情報や経験，関係性を運び，支援チームと共有することで，支援の連続性に貢献した。サービス部門の中では，日々の生活を直接支える介護士や看護師1名が担当者となって本人・家族と向き合い，個別のケアや意思決定支援の熟練に中心的な役割を果たした。担当者はケアに対する裁量を持って本人・家族に寄り添いながら，チームと情報や方針を共有・相談することで，チーム全体で本人・家族の生活と最期を支援する要となった。施設のレベルでは，調査対象のサービス部門（医療療養病床，特別養護老人ホームの長期入所，在宅ケア）以外にも，法人内で多様なサービスを展開して，継続支援者が働く環境を整えた。サービス部門の中で担当者の役割を明文化して定め，担当者の責任とチームの協働を促す取り組みもあった。

この対策は，認知症の疾患の特性に対応するものだった。長期の経過が特徴の認知症では，状態に応じて入退院・入退所が必要となるためケアが分断されやすく，さらに，その間に本人の意思表示が困難になっていくため，二重の意味で本人の意向に沿った支援が難しい。その場合でも，本人の生活と最期を一貫して支え，「本人らしさ」の基準を維持・洗練する対策だった。

　ケアの継続性の必要性は，認知症のケアにおいても，終末期のケアにおいても強調される[54, 55]。継続性とは，サービス提供の制度などで分断されないというサービス提供の連続性と，人や場が変わっても同じ治療・ケアの方針のもとでケアを提供するサービス内容の一貫性という意味がある。本研究の意思決定支援モデルでは，特に後者のサービス内容の一貫性が大切で，継続支援者の存在が鍵になり，それを法人内の多様なサービス展開など施設レベルで可能にした。ヨーロッパ緩和ケア学会がまとめた認知症の緩和ケアのコンセンサスは，できるだけ早期に中心となる緩和ケアコーディネーターを決めることを推奨する[54]。緩和ケアコーディネーターとは，緩和ケアが必要な患者のケアプラン作成やサービス調整などを行うケアマネジャーのような存在で，サービス提供の連続性に資する。しかし，認知症の緩和ケア提供には施設間のコミュニケーションに不足があり，サービス内容の一貫性の維持が課題となっている[56]。この課題に対し，ケアコーディネーターの果たす役割もあるだろう。本研究のように直接支援にあたる専門職が兼務によって継続支援者となる方法は，海外の事例で探すことはできなかったが，仕組みとして一般化できれば，意思決定支援モデルの実行のみならず，ケア内容の一貫性において効果的だと考える。

新型コロナウイルス流行による調査への影響

　本研究の調査時期は，2021年7月下旬から9月上旬で新型コロナウイルス流行の第5波のピークと重なった。調査の遂行にあたって直接的な影響は，調査依頼に対する拒否が1施設あったこと，大半のインタ

ビューをオンラインで実施したことだった。対象施設の感染状況等でスケジュールの変更は生じず，インタビューでは対象者が時間的・精神的ゆとりを持って，落ち着いて考えながら話していた。

　インタビュー対象者の語りに対する影響は，医療療養病床と特別養護老人ホームでのインタビューで認めた。家族とのコミュニケーションの機会が著しく減少したために，本人についての情報を得て本人を理解することの困難さや，家族と関係構築することの困難さなどの話だった。インタビュー対象者たちは，家族とのコミュニケーションに関連したケースを話題に選ぶ傾向があった可能性がある。しかし，それによって分析や結果に偏りが生じたとは考えにくかった。対象者が紹介したケースのほとんどは流行以前に経験したケースだったためである。インタビューでは，その経験を現状と比較して話すこともあり，語りのポイントをより鮮明にする効果があった。

　意思決定支援の実践に対する影響も，コロナ禍で家族の面会を大きく制限した医療療養病床と特別養護老人ホームの職員から聞かれた。家族からのインプットが激減したことによって，本人情報の多相性・多面性を失ったため，「本人がどんな人で，どんなことに喜ぶのか分からない」，家族と関係を築いて落ち着いて対話ができないため，「家族が何を考えているのか分からない」，という2点が印象的だった。本人・家族を深く理解できず，個別性のあるケアや意思決定支援が提供できないことが，専門職の不全感や葛藤などストレスになっていた。このような心理的負担は，感染拡大防止の対策をとることの物理的・身体的な負担以上に大きな影響があった印象を受けた。

研究の意義

　本研究で示した意思決定支援のモデルは，先進的な実践例から学び，そのエッセンスを抽出した実践的モデルである。臨床の現場で認知症末期にある人とその家族を支援する時の指針となるものだろう。認知症末期の意思決定支援は，本人の明確な意向という基準がないため，ともす

ると家族の意向や気持ちに偏ったり，医療者の押し付けになってしまったり，結果としてこれで良かったのだろうかと疑問に思うような決定になることがある。意思決定プロセスへ本人の参加を促し，家族と協力して「本人らしさ」の基準に対する理解を深め，家族の心理や事情とバランスをとって意思決定するモデルは，本人が望んだ最期の実現に近づけ，家族や専門職の倫理的葛藤を緩和するものだろう。また，日常ケアにおける意思決定と支援が大切だが[35]，認知症末期において，どのように日常ケアの意思決定支援をすれば，その取り組みが終末期の意思決定支援につながるのか説明した点でも，現場の実践に役立つものと考える。

　認知症のある人たちの意思決定支援の研究は，初期や中期認知症の段階で，本人の意思の形成・表明・実現を支えることに注目した研究が多く行われてきた[46, 57]。認知症末期の意思決定支援となると，代理意思決定者の家族等を支援することに研究の関心が集まり，本人の存在は薄れる。しかし，その病期において，専門職がどのような態度でどのような支援をすれば，本人の参加を促し，本人の意向に近づくことができるか，本研究で探求してモデル化した。認知症が進むと，本人が意思決定に完全に参加することは難しいものの，わずかな参加でも本人が尊厳を保つために価値がある[58]。本研究をきっかけに，認知症末期の意思決定支援においても本人の参加を促し，本人の意向を反映した最期に近づけることがより深く探索され，より実践的な方法が開発され，研究領域として発展することを期待する。

研究の限界

　調査対象となった6施設は，プロジェクトメンバーの知識やメンバーと付き合いのある研究者からの推薦の中から選んだものである。一定の選択基準を設けたものの，選択の偏りは排除できない。しかし，層別化した目的サンプリングの方法を工夫することによって，3つの異なる施設種別（層）で先進的な取り組みを2施設ずつ調査した。結果，抽出コー

ドは理論的飽和に達し，認知症末期の意思決定支援について包括的な理
解をするに至った。

　また，対象となった3つの施設種別は，いずれも生活・療養から看取
りまでを提供する場である。そのため，生活・療養と最期の連続性があ
る場においてのみ成立するモデルである点も，モデルの適応範囲の限界
である。認知症末期の意思決定支援は，肺炎などで救急搬送された先の
急性期病院でも非常に悩ましい課題である。搬送になる手前で生活・療
養していた場において，モデルが示した意思決定支援を実践することが
望ましいと考える。

　本研究の意思決定支援モデルは，本人に積極的に関与する家族がい
ることを前提とした。そのため，独居や身寄りのない認知症高齢者には
モデルの適応が難しい。近年，独居高齢者が増える傾向が続いており，
65歳以上の単独世帯高齢者の割合は，2020年の推計で男性15.5%，女
性22.4%だったが，2040年には男性20.8%，女性24.5%に達する見
込みである[59]。この傾向は認知症高齢者にも当てはまり，一人暮らしを
する認知症高齢者も増えていくことが予想される[60]。独居や身寄りがな
いなどに対応し，家族の積極的関与を前提としない場合の，認知症末期
の意思決定支援モデルについて考える必要がある。

今後の課題

　今回明らかになった実践的モデルには，検証と実用化の2つの方向
の展開がある。検証とは，モデルの各テーマや各要素についての検証で
ある。別の研究者の視点で，別の環境で調査した場合に，モデルは当て
はまるのか，変更すべき点があるのか，検証を通してモデルが精錬され，
より普遍的なモデルに近づけることができる。2つ目の実用化とは，モ
デルの要素・概念を実行可能な行動の形に落とし込んだ支援プログラム
の開発とその評価によって，モデルを普及する展開である。概念図とし
て示したモデルは，具体的にどの支援者がどんな行動によって実践し，
本人や家族のどのような行動や考え，または支援者との関係性を変化さ

せるのか。その結果をどのようなアウトカムで測定するのか。道筋を支援プログラムとして具現化し，実証することで，モデルは支援プログラムの形で普及可能となる。

　モデルの展開とは別の課題として，限界で述べたように，独居や身寄りのない場合の意思決定支援モデルを検討する必要がある。家族の（積極的な）関与がない場合にも，一人の高齢者は認知症に罹患し，進行して，死を迎える。その場合は，おそらく今回のモデル以上にACPの役割は大きくなるが，本稿で何度も触れたように，ACPだけに頼ることは解決とならないだろう。独居や身寄りのない認知症高齢者に対し，どんな支援があれば「本人らしい」最期を迎えられるのか，どうすれば支援者も納得できるような看取りとなるのか，ACPを含めた現実的な方略が必要である。

Ⅶ．結論

　認知症は，終末期医療の変革や緩和ケアの成立を先導したがんとは対照的な疾患軌道をたどるため，それに対応した終末期の支援が必要である。認知症では死亡する何年も前から本人の言葉による意思表示が困難になるため，本人を代弁・擁護しなければ，望んだ最期を実現できない。また，認知症末期の人たちは，社会的に脆弱な立場に置かれ，尊厳ある最期が脅かされてしまう。しかし，がんでも認知症でも，罹患して疾患と共に生き，死んでいくのは同じ人である。周辺化されやすい特性のある疾患や集団に対する終末期の支援を形作っていくことは，誰もが安心して最期を迎えられる社会を作っていくことにほかならない。

　認知症末期の本人を尊重した意思決定支援とは，本人・家族・専門職が協働して，生活と最期を連続的に捉え，「本人らしさ」の基準で意思決定をする支援だった。そのための実践は，「本人らしさ」の基準を専門職と家族が共有して，それを用いて日常のケアに関する小さな意思決定を繰り返して練習し，より重大な意思決定でも同じ基準を用いなが

ら，家族の心理や事情の影響を調整することだった。

　この意思決定支援モデルを実行するには，その人の生活と最期に専門職が真摯に向き合う環境を作り，支援チームとして本人・家族と伴走し，支援に熟練する仕組みがあった。支援チームの中には，複数の部署やサービスを兼務する継続支援者が，本人・家族に対する知識・経験，関係性を引き継いでケアの連続性を維持する仕組みと，日常の直接支援にあたる介護士や看護師が，担当者として本人・家族と向き合う仕組みを構築していた。

　今回明らかになった知見はわずかだが，認知症末期という特性に対応し，困難な状況にある認知症の人たちの支援に光を当てるものである。認知症が進行して寝たきりになり，生活や医療の全てを他人に委ねざるを得なくなった時にも，適切な支援を受けて，望んだ最期を迎えたい。そのための岐路となる意思決定の支援が，本人の参加を促し，本人の基準で選択するものであることは，人の尊厳ある最期に資するものである。

参考文献

1.　朝田隆. 認知症対策総合研究事業「都市部における認知症有病率と認知症の生活機能障害への対応」平成24年度総合研究報告書. Published 2013. http://www.tsukuba-psychiatry.com/wpcontent/uploads/2013/06/H24Report_Part1.pdf

2.　Edvardsson D, Winblad B, Sandman P. Person-centred care of people with severe Alzheimer's disease: current status and ways forward. *The Lancet Neurology*. 2008;7(4):362-367. doi:10.1016/S1474-4422(08)70063-2

3.　Nakanishi M, Hattori K. Percutaneous Endoscopic Gastrostomy (PEG) tubes are placed in elderly adults in Japan with advanced dementia regardless of expectation of improvement in quality of life. *Journal of Nutrition, Health and Aging*. 2014;18(5):503-509. doi:10.1007/s12603-014-0011-9

4. Comas-Herrera A, Zalakaín J, Lemmon E, *et al*. Mortality Associated with COVID-19 in Care Homes: International Evidence.; 2020. https://www.ecdc.europa.eu/sites/default/files/documents/Increase-fatal-cases-of-COVID-19-

5. Tahira AC, Verjovski-Almeida S, Ferreira ST. Dementia is an age-independent risk factor for severity and death in COVID-19 inpatients. *Alzheimer's and Dementia*. Published online 2021. doi:10.1002/alz.12352

6. Trabucchi M, de Leo D. Nursing homes or besieged castles: COVID-19 in northern Italy. *The Lancet Psychiatry*. 2020;7(5):387-388. doi:10.1016/S2215-0366(20)30149-8

7. Diamantis S, Noel C, Tarteret P, Vignier N, Gallien S, Groupe de Recherche et d'Etude des Maladies Infectieuses -Paris Sud-Est (GREMLIN Paris Sud-Est). Severe Acute Respiratory Syndrome Coronavirus 2 (SARS-CoV-2)-Related Deaths in French Long-Term Care Facilities: The "Confinement Disease" Is Probably More Deleterious Than the Coronavirus Disease-2019 (COVID-19) Itself. *Journal of the American Medical Directors Association*. 2020;21(7):989-990. doi:10.1016/j.jamda.2020.04.023

8. Spaetgens B, Brouns SH, Schols JMGA. The Post-Acute and Long-Term Care Crisis in the Aftermath of COVID-19: A Dutch Perspective. *Journal of the American Medical Directors Association*. 2020;21(8):1171-1172. doi:10.1016/j.jamda.2020.06.045

9. 日本放送協会. "崩壊"は介護現場で起きていた～コロナで12人死亡 実態は～. https://www3.nhk.or.jp/news/html/20200715/k10012516461000.html

10. 社会保障制度改革国民会議. 社会保障制度改革国民会議 報告書 ～確かな社会保障を将来世代に伝えるための道筋～.; 2013. Accessed December 6, 2021. https://www.kantei.go.jp/jp/singi/kokuminkaigi/pdf/houkokusyo.pdf

11. Samsi K, Manthorpe J. Everyday decision-making in dementia: findings from a longitudinal interview study of people with dementia and family carers. *International Psychogeriatrics.* 2013;25(6):949-961. doi:10.1017/S1041610213000306

12. Reisberg B, Ferris SH, de Leon MJ, Crook T. The Global Deterioration Scale for assessment of primary degenerative dementia. *The American Journal of Psychiatry.* 1982;139(9):1136-1139. doi:10.1176/ajp.139.9.1136

13. Arrighi HM, Neumann PJ, Lieberburg IM, Townsend RJ. Lethality of Alzheimer disease and its impact on nursing home placement. *Alzheimer Disease and Associated Disorders.* 2010;24(1):90-95. doi:10.1097/WAD.0B013E31819FE7D1

14. Lynn J. Perspectives on care at the close of life. Serving patients who may die soon and their families: the role of hospice and other services. *JAMA.* 2001;285(7):925-932. doi:10.1001/jama.285.7.925

15. Browne B, Kupeli N, Moore KJ, Sampson EL, Davies N. Defining end of life in dementia: A systematic review. *Palliative Medicine.* Published online December 1, 2021. doi:10.1177/02692163211025457

16. Hanson E, Hellström A, Sandvide Å, *et al.* The extended palliative phase of dementia – An integrative literature review. *Dementia.* 2019;18(1):108-134. doi:10.1177/1471301216659797

17. Jones K, Birchley G, Huxtable R, Clare L, Walter T, Dixon J. End of Life Care: A Scoping Review of Experiences of Advance Care Planning for People with Dementia. *Dementia.* 2019;18(3):825-845. doi:10.1177/1471301216676121

18. 厚生労働省. 人生の最終段階における医療・ケアの決定プロセスに関するガイドライン. Published 2018. Accessed December 10, 2021. https://www.mhlw.go.jp/file/04-Houdouhappyou-10802000-Iseikyoku-Shidouka/0000197701.pdf

19. Jimenez G, Tan WS, Virk AK, Low CK, Car J, Ho AHY. Overview of Systematic Reviews of Advance Care Planning: Summary of Evidence and Global Lessons. *Journal of Pain and Symptom Management*. 2018;56(3):436-459.e25. doi:10.1016/j.jpainsymman.2018.05.016

20. Sudore RL, Lum HD, You JJ, *et al*. Defining Advance Care Planning for Adults: A Consensus Definition From a Multidisciplinary Delphi Panel. *Journal of Pain and Symptom Management*. Published online 2017. doi:10.1016/j.jpainsymman.2016.12.331

21. Detering KM, Hancock AD, Reade MC, Silvester W. The impact of advance care planning on end of life care in elderly patients: randomised controlled trial. *BMJ*. 2010;340(mar23 1):c1345-c1345. doi:10.1136/bmj.c1345

22. Weathers E, O'Caoimh R, Cornally N, *et al*. Advance care planning: A systematic review of randomised controlled trials conducted with older adults. *Maturitas*. 2016;91:101-109. doi:10.1016/j.maturitas.2016.06.016

23. Dixon J, Karagiannidou M, Knapp M. The Effectiveness of Advance Care Planning in Improving End-of-Life Outcomes for People With Dementia and Their Carers : A Systematic Review and Critical Discussion. *Journal of Pain and Symptom Management*. 2018;55(1):132-150.e1. doi:10.1016/j.jpainsymman.2017.04.009

24. Bryant J, Turon H, Waller A, Freund M, Mansfield E, Sanson-Fisher R. Effectiveness of interventions to increase participation in advance care planning for people with a diagnosis of dementia: A systematic review. *Palliative Medicine*. 2019;33(3):262-273. doi:10.1177/0269216318801750

25. Sellars M, Chung O, Nolte L, *et al*. Perspectives of people with dementia and carers on advance care planning and end-of-life care: A systematic review and thematic synthesis of qualitative studies. *Palliative medicine*. 2019;33(3):274-290.

doi:10.1177/0269216318809571

26. Harrison Dening K, Sampson EL, de Vries K. Advance care planning in dementia: recommendations for healthcare professionals. *Palliative Care and Social Practice.* 2019;12:1-17. doi:10.1177/1178224219826579

27. 厚生労働省. 人生の最終段階における医療に関する意識調査 報告書. Published 2018. https://www.mhlw.go.jp/toukei/list/dl/saisyuiryo_a_h29.pdf

28. Birchley G, Jones K, Huxtable R, Dixon J, Kitzinger J, Clare L. Dying well with reduced agency: A scoping review and thematic synthesis of the decision-making process in dementia, traumatic brain injury and frailty. *BMC Medical Ethics.* 2016;17(1):1-15. doi:10.1186/s12910-016-0129-x

29. Andrews S, McInerney F, Toye C, Parkinson CA, Robinson A. Knowledge of Dementia: Do family members understand dementia as a terminal condition? *Dementia (London, England).* 2017;16(5):556-575. doi:10.1177/1471301215605630

30. The Japanese Geriatric Society Ethics Committee, Iijima S, Aida N, Ito H. Position statement from the Japan Geriatrics Society 2012 : End-of-life care for the elderly. Published online 2014:735-739. doi:10.1111/ggi.12322

31. Tanaka M, Kodama S, Lee I, Huxtable R, Chung Y. Forgoing life-sustaining treatment - a comparative analysis of regulations in Japan, Korea, Taiwan, and England. *BMC medical ethics.* 2020;21(1). doi:10.1186/S12910-020-00535-W

32. Zaman M, Espinal-Arango S, Mohapatra A, Jadad AR. What would it take to die well? A systematic review of systematic reviews on the conditions for a good death. *The Lancet Healthy Longevity.* 2021;2(9):e593-e600. doi:10.1016/s2666-7568(21)00097-0

33. Takahashi Z, Yamakawa M, Nakanishi M, *et al.* Defining a good death for people with dementia: A scoping review. *Japan journal*

of nursing science : JJNS. 2021;18(2). doi:10.1111/JJNS.12402

34. Fetherstonhaugh D, Tarzia L, Nay R. Being central to decision making means I am still here!: the essence of decision making for people with dementia. *Journal of Aging Studies.* 2013;27(2):143-150. doi:10.1016/J.JAGING.2012.12.007

35. Davis R, Ziomkowski MK, Veltkamp A. Everyday Decision Making in Individuals with Early-Stage Alzheimer's Disease: An Integrative Review of the Literature. *Research in Gerontological Nursing.* 2017;10(5):240-247. doi:10.3928/19404921-20170831-05

36. Clare L. Awareness in people with severe dementia: Review and integration. *Aging and Mental Health.* 2010;14(1):20-32. doi:10.1080/13607860903421029

37. Palinkas LA, Horwitz SM, Green CA, Wisdom JP, Duan N, Hoagwood K. Purposeful Sampling for Qualitative Data Collection and Analysis in Mixed Method Implementation Research. *Administration and Policy in Mental Health.* 2015;42(5):533-544. doi:10.1007/s10488-013-0528-y

38. Verbeek H, van Rossum E, Zwakhalen SMG, Kempen GIJM, Hamers JPH. Small, homelike care environments for older people with dementia: A literature review. *International Psychogeriatrics.* 2009;21(2):252-264. doi:10.1017/S104161020800820X

39. Flick U. Social representations and the social construction of everyday knowledge: theoretical and methodological queries. *Social Science Information.* 1994;33(2):179-197. doi:10.1177/053901894033002003

40. Wilkins JM. Narrative Interest Standard: A Novel Approach to Surrogate Decision-Making for People with Dementia. *The Gerontologist.* 2018;58(6):1016-1020. doi:10.1093/geront/gnx107

41. Montello M. Narrative Ethics. *The Hastings Center Report.* 2014;44(1):S2-S6. https://about.jstor.org/terms

42. 厚生労働省 . 認知症の人の日常生活・社会生活における意思決定支援ガイドライン .; 2018. Accessed December 11, 2021. https://www.mhlw.go.jp/file/06-Seisakujouhou-12300000-Roukenkyoku/0000212396.pdf

43. 厚生労働省 . 障害福祉サービス等の提供に係る意思決定支援ガイドライン .; 2017. Accessed December 11, 2021. https://www.mhlw.go.jp/file/06-Seisakujouhou-12200000-Shakaiengokyokushougaihokenfukushibu/0000159854.pdf

44. Ishikawa H, Hashimoto H, Kiuchi T. The evolving concept of "patient-centeredness" in patient-physician communication research. *Social Science & Medicine.* 2013;96:147-153. doi:10.1016/j.socscimed.2013.07.026

45. Charles C, Gafni A, Whelan T. Shared decision-making in the medical encounter: what does it mean? (or it takes at least two to tango). *Social Science & Medicine.* 1997;44(5):681-692. doi:10.1016/s0277-9536(96)00221-3

46. Bhatt J, Walton H, Stoner CR, Scior K, Charlesworth G. The nature of decision-making in people living with dementia: a systematic review. *Aging and Mental Health.* 2020;24(3):363-373. doi:10.1080/13607863.2018.1544212

47. Cresp SJ, Lee SF, Moss C. Substitute decision makers' experiences of making decisions at end of life for older persons with dementia: A systematic review and qualitative meta-synthesis. *Dementia.* 2020;19(5):1532-1559. doi:10.1177/1471301218802127

48. Davies N, Maio L, Rait G, Iliffe S. Quality end-of-life care for dementia: What have family carers told us so far? A narrative synthesis. *Palliative Medicine.* 2014;28(7):919-930. doi:10.1177/0269216314526766

49. 二神真理子 , 渡辺みどり , 千葉真弓 . 施設入所認知症高齢者の家族が事

前意思代理決定をするうえで生じる困難と対処のプロセス. 老年看護学.
2010;14(1):25-33.

50. 川喜田恵美. 家族介護者から見た認知症高齢者の最期の迎え方における受
けとめの実態：家族支援を含めたエンドオブライフケアのあり方を目指
して. 日本看護福祉学会誌. 2014;21(1):75-88.

51. Davies N, Schiowitz B, Rait G, Vickerstaff V, Sampson
EL. Decision aids to support decision-making in dementia
care: a systematic review. *International Psychogeriatrics*.
2019;31(10):1403-1419. doi:10.1017/S1041610219000826

52. Geddis - Regan A, Errington L, Abley C, Wassall R, Exley
C, Thomson R. Enhancing shared and surrogate decision
making for people living with dementia: A systematic review
of the effectiveness of interventions. *Health Expectations*.
2021;24(1):19-32. doi:10.1111/hex.13167

53. Miyashita M, Hashimoto S, Kawa M, *et al*. Attitudes toward
disease and prognosis disclosure and decision making for
terminally ill patients in Japan, based on a nationwide random
sampling survey of the general population and medical
practitioners. *Palliative and Supportive Care*. 2006;4(4):389-
398. doi:10.1017/S1478951506060482

54. van der Steen JT, Radbruch L, Hertogh CM, *et al*. White
paper defining optimal palliative care in older people with
dementia: A Delphi study and recommendations from the
European Association for Palliative Care. *Palliative Medicine*.
2014;28(3):197-209. doi:10.1177/0269216313493685

55. Fazio S, Pace D, Flinner J, Kallmyer B. The Fundamentals of
Person-Centered Care for Individuals with Dementia. *The
Gerontologist*. 2018;58(suppl_1):S10-S19. doi:10.1093/geront/
gnx122

56. Erel M, Marcus EL, Dekeyser-Ganz F. Barriers to palliative care
for advanced dementia: a scoping review. *Annals of Palliative*

Medicine. 2017;6(4):365-379. doi:10.21037/apm.2017.06.13

57. 成本 迅. 認知症高齢者の医療選択に関する意思決定支援とそれを支える看護師の役割. 老年看護学. 2020;25(1):12-16.

58. Fetherstonhaugh D, Rayner JA, Tarzia L. Hanging on to Some Autonomy in Decisionmaking: How do Spouse Carers Support this? *Dementia.* 2019;18(4):1219-1236. doi:10.1177/1471301216678104

59. 国立社会保障・人口問題研究所. 日本の将来推計人口. Published 2017. http://www.ipss.go.jp/ppzenkoku/j/zenkoku2017/pp29_ReportALL.pdf

60. 粟田主一. 一人暮らし，認知症，社会的孤立. 老年精神医学雑誌. 2020;31(5):451-459.

付表、付録図

付表A. 対象施設一覧

施設	立地*	病床／入所者／在宅患者の数	病床／施設／診療グループの専属常勤職員数（非常勤）	年間死亡患者数	死亡のうち認知症あり	死亡のうち認知症が死因	看取りや認知症ケアに関する特徴	併設病棟・施設・居宅サービス	インタビュー対象者（管理職）	インタビュー対象者（ケア担当者）
医療療養病床A	大都市近郊部	53	介護職12(2)、看護職16、理学・作業・言語療法士9	47	19	9	定例の病棟カンファレンス以外、終末期事例のターミナルケアカンファレンスと全例の死亡後カンファレンス　意思決定困難事例に対して病院倫理コンサルテーション	地域包括ケア病棟、障害者病棟、特殊疾患病棟、外来診療、訪問診療、訪問看護、訪問リハ、居宅介護支援	看護師長	看護師、社会福祉士、理学療法士、医師
医療療養病床B	中都市中心部	40	介護職4(2)、看護職14(6)、医療SW1、理学療法士1、言語療法士1、医師1	59	22	22	看取りや意思決定支援に関する研修を定期的に実施　全職員を対象にエンドオブライフケアの研修を実施	介護医療院、外来診療、通所リハ、訪問看護、居宅介護支援、地域包括支援センター	病院長、看護部長	看護師2名、介護福祉士
特別養護老人ホームA	町村部	50	介護職27(3)、看護職2(1)、生活相談員1、介護支援専門員1、機能訓練指導員1、医師(1)	14	14	8	入所時アセスメントや家族支援で、担当の介護職員が中心になって実施する仕組みがある　看取りケアの対象者のカンファレンスを毎週実施、看取りをした全例にケアの振り返り　看取りや意思決定支援に関する研修を定期的に実施	ショートステイ	施設長（社会福祉士）	看護師、介護福祉士2名、社会福祉士、医師

施設	地域		職員構成			不明	特徴	サービス	責任者	職種
特別養護老人ホームB	大都市近郊部	103	介護職44(12)、看護職7(3)、生活相談員3、介護支援専門員2、機能訓練指導員(2)、医師1(3)	19	19		毎朝の全職種が参加するカンファレンスで、看取りの事例を相談する　死亡後には全例の振り返りのカンファレンスを行う	ショートステイ、デイサービス、訪問看護、訪問介護、居宅介護支援	施設長(社会福祉士)	看護師、介護福祉士、社会福祉士、医師
在宅ケアA	大都市近郊部	74	看護職1(3)、社会福祉士1(1)、医師1(4)	2	2	1	都道府県が設置する認知症疾患医療センターの指定を受けた施設で、認知症の診断から継続して、外来診療、電話相談、訪問診療を提供する	外来診療、訪問看護、訪問介護、訪問リハ、デイサービス、居宅介護支援	センター長(医師)	看護師、社会福祉士、介護支援相談員
在宅ケアB	小都市近郊部	67	看護師4(1)、理学療法士2、医師4	13	11	11	小規模の病院で、訪問診療と一般病棟の間で双方向に患者の移行があり、それに伴って医師や看護師も柔軟に職場を移動して継続的に支援する仕組みがある	一般病棟、外来診療、訪問看護、訪問リハ	訪問診療部の責任者(医師)	看護師2名

*大都市：人口≧50万人、中都市：人口30~50万人、小都市：人口10~30万人

付表 B. インタビュー対象者一覧

職種	資格	資格年	勤続年	インタビューのトピック，ケース
医療療養病床 A				
病棟看護師長	看護師	≧20	15~20	病棟での看取りや終末期意思決定に関する取り決め，ルーティン 血管性認知症の70代男性，CV感染を繰り返すが代理意思決定者が不在のため病院倫理コンサルテーションチームで検討した ADの80代女性，過去に胃ろうは嫌と言っていたことを娘が覚えていて，経鼻胃管を選択した
ソーシャルワーカー	社会福祉士	15~20	15~20	ホームレスだった認知症の80代男性，知人から本人の情報得て，家族にコンタクトした 認知症の80代男性，娘が来院しないためメールのみでやりとりした
理学療法士	理学療法士	≧20	≧20	重度認知症で末期癌の70代女性，母娘の結びつきが非常に強く，コロナ禍で面会できないためメールでのコミュニケーションを支援した 摂食・嚥下障害のある重度の脳血管認知症の80代女性，娘が自分の考えに固執して，食事提供を強く求め，意思疎通が困難だった
看護師	看護師	≧20	10~15	ADの90代女性，食べることが好きな本人を理解した娘と最期まで食べる支援をした 混合型認知症の90代女性，嚥下リハをしても食べられないことを家族が受け入れず転院となった
医師	医師	10~15	1~5	認知症中期の90代女性，独居で在宅生活をしていたが継続困難なため施設入所を決めた
医療療養病床 B				
看護主任	看護師	10~15	5~10	80代後半男性，誤嚥性肺炎を繰り返してCV管理だが，本人の過去の希望と家族の希望が一致したため，準備して自宅に外出した 80代男性，CVと腸ろう管理の重度認知症の方，本人が切望した息子の墓参りに行けるようにリハと看護で3ヵ月の計画に取り組んで実現した
介護士	介護福祉士	≧20	5~10	80代認知症男性，CVがあったが本人の好きなお酒を家族が飲ませて最期の時間を過ごした
病院長	医師	≧20	5~10	病院内での看取りや意思決定支援の仕組み
病棟長	看護師	≧20	5~10	病院内での看取りや意思決定支援の仕組み
看護部長	看護師	≧20	≧20	ユマニチュードの取り組みと効果

特別養護老人ホームA

嘱託医	医師	≥20	1~5	嘱託医として施設入所者の意思決定支援の関わり方 80代の認知症男性，本人が胃ろうに否定的だった言葉を家族が覚えていたため，経鼻経管栄養を希望した
看護主任	看護師	≥20	15~20	死の受容をできない娘と，胃ろうの選択や看取りについて繰り返し相談したケース コロナ禍での看取りのケース，家族と話す機会がないため，家族のことや本人の生き方を理解することが困難だった
生活指導員	社会福祉士	15~20	15~20	本人の死について受容できず，話し合いができない家族（娘）と対話を続けたケース
副施設長	介護福祉士	≥20	≥20	施設内での看取りや意思決定支援の仕組み
介護主任	介護福祉士	≥20	≥20	施設内での看取りや意思決定支援の仕組み
施設長	社会福祉士	≥20	≥20	施設看取りと意思決定支援の取り組みの歴史や理念

特別養護老人ホームB

医師	医師	≥20	10~15	息子が独断的な考えから，医学的に無益と考えられる胃ろう栄養の継続を希望したケース
看護主任	看護師	≥20	10~15	ADの70代男性，妻が「生きていてほしい」という気持ちを抑えられない葛藤を支援した ADの80代女性，息子の過剰な愛情表現で本人が受け付けないのに食べさせようとしたケース，時間をかけて他の家族を巻き込んで相談した
生活指導員	社会福祉士	10~15	15~20	ADの90代後半女性，本人が過去にできるだけ長生きしたいという話を家族が覚えていて，それに固執するため意思決定が難航した
介護主任	介護福祉士	≥20	15~20	ネグレクトによって家族と引き離されて措置入所した認知症のケース キーパーソンとは別の家族のメンバーが現れて本人の状態とは非現実的な要求をして混乱したケース
施設長	社会福祉士	≥20	10~15	施設での看取りと意思決定支援の取り組みの歴史や理念

在宅ケアA

| 認知症疾患医療センター長 | 医師 | ≥20 | ≥20 | 施設内での看取りや意思決定支援の仕組み
認知症の診断から看取りまで担当したケース |

居宅介護支援所長	ケアマネージャー	≥20	≥20	家族が食事介助などで医療的には適切と言いにくい独自の方法で介護をするケース
訪問看護師	看護師	≥20	≥20	認知症中期から6年間関わり，訪問看護の仕事に懐疑的な家族と信頼関係を構築し，介護負担を支えながら自宅での最期を選択したケース
医療ソーシャルワーカー	社会福祉士	≥20	1~5	施設内での看取りや意思決定支援の仕組み 息子による過剰な愛着と不適切な介護で本人の安全な生活が確保できない重度認知症のケース
在宅ケア B				
医師	医師	15~20	5~10	施設での看取りや意思決定支援の仕組み 入院中に心理行動症状が強いため，家族が自宅での最期を選択して，それを支えたケース 在宅で状態が悪化して本人にとって入院するメリット・デメリットがあるかの検討をしたケース
看護主任	看護師	≥20	≥20	認知症の70代男性，BPSDに伴う暴言・暴力が目立ったが，家族を支援して最期まで自宅で過ごした 認知症の80代女性，コロナ感染で入院治療後，体力が低下したが自宅退院して最期まで自宅で過ごした
看護師	看護師	≥20	5~10	施設で状態悪化して入院後，家族が決心して最期の2週間を在宅で過ごした70代認知症女性 透析を受けていた進行認知症の80代女性，娘が透析中止を決めた後，在宅で3週間過ごしたが，娘は介護をしなかった

CV:：中心静脈栄養，AD：アルツハイマー型認知症，BPSD：認知症の行動・心理症状

付録図　認知症末期の本人を尊重した意思決定支援のモデルと そのための環境と仕組み

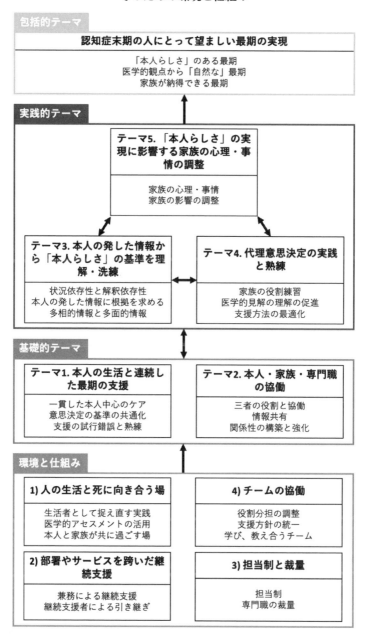

包括的テーマ

認知症末期の人にとって望ましい最期の実現

「本人らしさ」のある最期
医学的観点から「自然な」最期
家族が納得できる最期

実践的テーマ

テーマ5.「本人らしさ」の実現に影響する家族の心理・事情の調整

家族の心理・事情
家族の影響の調整

テーマ3. 本人の発した情報から「本人らしさ」の基準を理解・洗練

状況依存性と解釈依存性
本人の発した情報に根拠を求める
多相的情報と多面的情報

テーマ4. 代理意思決定の実践と熟練

家族の役割練習
医学的見解の理解の促進
支援方法の最適化

基礎的テーマ

テーマ1. 本人の生活と連続した最期の支援

一貫した本人中心のケア
意思決定の基準の共通化
支援の試行錯誤と熟練

テーマ2. 本人・家族・専門職の協働

三者の役割と協働
情報共有
関係性の構築と強化

環境と仕組み

1) 人の生活と死に向き合う場

生活者として捉え直す実践
医学的アセスメントの活用
本人と家族が共に過ごす場

4) チームの協働

役割分担の調整
支援方針の統一
学び、教え合うチーム

2) 部署やサービスを跨いだ継続支援

兼務による継続支援
継続支援者による引き継ぎ

3) 担当制と裁量

担当制
専門職の裁量

〈監修〉公益財団法人 医療科学研究所

　1990 年、エーザイ株式会社が創業 50 周年を記念して本研究所を設立した。設立の趣意として次のようなことが書かれている。

　「本来、生命の尊厳にかかわる医療には経済性に左右されない最高の価値が認められるべきである。しかしながら、医療資源は有限であり、その制約の中で実際の医療が行われる以上、経済的効率の尺度が導入されざるをえない。これから将来に向かって医療と経済の調和、需給の長期的安定を目指して、広く社会の英知を結集し、社会の合意として新しい時代の回答を出してゆくべきと考える。『医療科学研究所』はこの社会の英知を表明する場としての役割を果たそうとするものである」(http://www.iken.org)

虚弱高齢者の終末期ケア
―様々な場における課題と対応―

令和 6 年 3 月 19 日　第 1 刷発行

監　修　　公益財団法人 医療科学研究所
発行者　　東島　俊一
発行所　　株式会社 法研
　　　　　〒 104-8104　東京都中央区銀座 1-10-1
　　　　　http://www.sociohealth.co.jp
印刷製本 研友社印刷株式会社

0102

小社は(株)法研を核に「SOCIO HEALTH GROUP」を構成し、相互のネットワークにより、“社会保障及び健康に関する情報の社会的価値創造”を事業領域としています。その一環としての小社の出版事業にご注目ください。